TERAI
COMPOR.

**Intelligenza Emotiva per Gestire le Emozioni,
Migliorare la Fiducia e l'Autostima, Gestire i
Problemi di Stress, Depressione, Ansia**

MAX GIMSON

I

INTRODUZIONE

Tutti noi abbiamo a che fare con l'ansia, con la depressione, con la rabbia, con lo stress e queste emozioni riguardano quotidianamente tantissime persone; l'elenco dei disagi psicologici non si ferma qui, potrebbe continuare, inserendo gli attacchi di panico, le fobie e altro.

Sono tutte situazioni emotive e psicologiche che spesso possono avere un impatto molto negativo sulla nostra vita, sul nostro lavoro, nei nostri rapporti sociali.

Superare queste emozioni negative e rendere migliore la nostra vita è possibile. Uno dei migliori rimedi a cui affidarsi è la terapia cognitivo comportamentale.

TERAPIA COGNITIVO – COMPORTAMENTALE:

Nascita e storia

La terapia cognitiva è nata Stati Uniti negli anni '60 grazie alle osservazioni cliniche e agli studi di due terapeuti di formazione psicanalitica: Aaron Beck e Albert Ellis.

Beck con i suoi studi si discosta dalle teorie freudiane, rivolgendo la sua attenzione ad altri aspetti della vita psichica, oltre a quelli inconsci. L'elemento principale di distinzione tra la teoria di Beck e la psicoanalisi classica è che la causa di problemi legati alla sfera psicologica non sempre va ricercata nell'inconscio ma è possibile risalire ad essa indagando la parte cosciente del paziente.

Il successo della terapia, che nasce inizialmente per la cura della depressione, viene nel tempo rafforzato dall'efficacia del trattamento di svariati tipi di disturbi come i disturbi d'ansia e vari disturbi della personalità.

Come si passa dalla terapia cognitiva alla teoria cognitivo-comportamentale?

La terapia cognitivo-comportamentale si sviluppa dall'unione di due approcci terapeutici:

- Cognitivo

- Comportamentale

All'inizio del Novecento lo psicologo John Watson diede vita alla teoria del comportamento la quale ritiene che lo studio delle problematiche emotive e psicologiche ha come base e fondamento ciò che è possibile osservare nel paziente, quindi il suo comportamento.

Dall'unione delle due terapie si svilupparono due modi e approcci differenti nell'affrontare le problematiche psicologiche.

Gli psicoterapeuti di scuola cognitiva fecero proprio il metodo analitico e scientifico applicato nella teoria comportamentale, mentre gli psicoterapeuti comportamentali inclusero nella loro pratica clinica il concetto delle variabili cognitive.

Oggi quando parliamo di terapia cognitivo-comportamentale prendiamo in esame una metodologia eterogenea che presenta approcci terapeutici differenti; il punto nodale, che li accomuna tutti, è il riconoscimento di una variante cognitivo-comportamentale che va affrontata per spiegare e superare le situazioni e le problematiche di sofferenza emotiva e psicologica.

Che cos'è la Terapia Cognitivo Comportamentale?

La base teorica su cui si fonda questa forma di terapia psicologica è l'esistenza di una stretta relazione tra i comportamenti e i pensieri di una persona, cioè tutto dipende dal modo in cui noi interpretiamo la realtà che viviamo; quindi, i nostri pensieri sono la causa primaria delle problematiche emotive e psicologiche.

Come nascono i pensieri? Tramite i processi cognitivi. Con questo termine si indica le elaborazioni delle informazioni che noi percepiamo.

Secondo Beck tutte ciò che circonda le persone, tutte le esperienze, tutte le attività quotidiane danno vita ai pensieri che possono essere sia salutari per la il nostro benessere psico-fisico ma anche non esserlo (pensieri positivi e pensieri negativi).

Secondo la teoria del terapeuta Beck sono i pensieri negativi che portano a sviluppare la mancanza di fiducia in se stessi, negli altri e nella realtà che ci circonda.

La base della terapia cognitivo-comportamentale è quella di sostituire i pensieri negativi con pensieri positivi, utili all'equilibrio psicologico, poiché questo metodo aiuta a comprendere ed affrontare la sofferenza e le problematiche del paziente ed infine superarle.

LA CBT (sigla che useremo per indicare questa terapia nel proseguo del testo) è un modello di terapia che valuta fortemente il comportamento del paziente, cioè osserva e valuta l'attività quotidiana e relazionale della persona, le sue emozioni, le sue reazioni, i processi cognitivi e le condizioni ambientali e contestuali che giustificano e premettono di spiegarne il comportamento.

CARATTERISTICHE DELLA CBT

Andiamo a vedere le caratteristiche di questa terapia.

Fondamento scientifico

Il metodo di studio e di approfondimento di questa teoria si basa su prove certe e su esperimenti clinici. Dalla sua nascita negli anni 60 fino ad oggi, è possibile consultare centinaia di articoli scientifici dove vengono esposti e analizzati gli studi su questo tipo di approccio terapeutico.

Breve durata

La terapia cognitivo comportamentale è a breve termine. La sua durata va da tre mesi a massimo un anno. In media cambiamenti significativi si registrano entro i primi sei mesi. Le sedute di solito sono due a settimana.

Terapia Orientata allo scopo

In questa pratica terapeutica il terapeuta lavora insieme al paziente per stabilire gli obiettivi della terapia, formulando una diagnosi e concordando con il paziente stesso un piano di trattamento che si adatti alle sue problematiche; tutto ciò avviene durante i primi incontri della seduta terapeutica.

Il terapista incoraggerà il paziente a parlare dei suoi pensieri e dei suoi sentimenti e di ciò che lo preoccupa; infatti, questa tecnica si concentra su problemi specifici, utilizzando un approccio orientato agli obiettivi.

Periodicamente vengono valutati i progressi raggiunti e se c'è bisogno di intervenire con qualche cambio nell'approccio terapeutico. E tutti gli obiettivi sono a breve termine.

Stretta collaborazione tra paziente e terapeuta

Durante tutta la terapia le due parti (terapeuta e paziente) collaborano in modo molto stretto.

Quindi possiamo definirla come una terapia collaborativa dove paziente e terapeuta lavorano insieme per capire e sviluppare strategie che possano indirizzare il soggetto alla risoluzione dei propri problemi.

Punta sulle problematiche reali e attuali

Lo scopo della terapia si basa sulla risoluzione dei problemi psicologici concreti e reali, presenti in quel momento. Si prendono in considerazione i problemi attuali e concreti del paziente e si lavora per superarli.

Eventuali traumi infantili oppure del passato vengono analizzati per avere maggiori informazioni sulla nascita della problematica psicologica del momento.

Eliminazione pensieri negativi

La CBT punta a modificare tutti i nostri pensieri e trasformarli in pensieri positivi, i quali ci permettano di vivere con minor ansia e stress e superare tutte le problematiche emotive e psicologiche.

CBT E CAMPI DI APPLICAZIONE

La CBT mette in relazione emozioni, pensieri e comportamenti, evidenziando come i problemi emotivi e psicologici e i relativi comportamenti che nascono da questi problemi, sono in gran parte il prodotto di pensieri e schemi negativi.

Non sarebbero gli eventi in sé a creare e mantenere ciò che la persona prova, ma è il modo distorto ed errato di pensare e interpretare certe esperienze che influenza in modo negativo l'umore e il suo comportamento.

La terapia cognitivo-comportale aiuta le persone ad individuare i pensieri ricorrenti e gli schemi disfunzionali e negativi di ragionamento che scaturiscono in una visione negativa della realtà, e infine sostituire e/o integrarli con pensieri più positivi e convinzioni più funzionali al proprio benessere.

I suoi campi di applicazioni sono vari e includono

- fobia

- ansia

- attacchi di panico

- depressione

- stress

- disturbi del sonno

- anoressia (disturbo alimentare)

- disturbo ossessivo compulsivo.

Ora andremo ad analizzare singolarmente le problematiche elencate.

Fobia

Per fobia si intende la presenza contemporanea di una paura immotivata, esagerata e spesso irrazionale verso certi oggetti/situazioni e di un comportamento che tende ad evitare la situazione o l'oggetto.

Spesso questa paura è molto ingrandita rispetto a qualcosa che non rappresenta un reale e vero pericolo, ma la persona che soffre di questo disturbo percepisce questo stato d'ansia come non controllabile.

Qual è la causa di una fobia specifica? Di solito dopo una situazione spiacevole avviene un'associazione dove si collega ciò che ha generato il disturbo con la sensazione di malessere che si è sperimentata e quindi, al riproporsi della stessa situazione, nei soggetti affetti da fobia si ripresenta la stessa paura e lo stesso disturbo.

Vediamo ora le fobie più comuni che possono essere curate con la CBT

Agorafobia, claustrofobia e acrofobia

L'agorafobia è un tipo di disturbo d'ansia dove è presente la sensazione di paura o di grave disagio che un soggetto prova quando si ritrova in ambienti non familiari o comunque in ampi spazi all'aperto o affollati, temendo di non riuscire a controllare la situazione; è la paura di trovarsi in situazioni da cui non sia possibile fuggire né ricevere aiuto in caso di pericolo.

Molte persone presumono che l'agorafobia sia semplicemente e solo la paura degli spazi aperti, ma in realtà essa è una condizione più complessa. I soggetti con agorafobia possono anche avere paura di viaggiare con i mezzi pubblici, di visitare un centro commerciale oppure di uscire di casa.

Claustrofobia

Le persone affette da claustrofobia spesso fanno di tutto per evitare spazi ristretti, come per esempio grotte, tunnel, ascensori, aerei, camerini di un negozio oppure la metropolitana; alcune persone con claustrofobia provano una leggera ansia quando si trovano in uno spazio ristretto, mentre altre hanno un'ansia grave o un attacco di panico.

Chi soffre di questo disturbo tende a:

- evitare situazioni scatenanti, come viaggiare in aeroplani, metropolitane, ascensori o automobili durante il traffico intenso
- in modo automatico cerca tutte uscite da un luogo in cui entra

- avere paura che le porte si chiudano mentre sei in una stanza
- sostare vicino o direttamente alle uscite in un luogo affollato

Acrofobia

L'acrofobia è un'intensa paura dell'altezza che può causare ansia e panico; la paura di cadere nel vuoto: la fobia delle altezze che si manifesta in chi soffre "di vertigini.

Per alcuni non c'è bisogno di affacciarsi da un terzo piano per lasciarsi bloccare dalla paura: bastano pochi metri per stare male. Per chi soffre di questo disturbo anche salire sui gradini di una scala può avere la conseguenza di non riuscire più a scendere senza farsi aiutare. In questi casi l'acrofobia diventa quasi invalidante.

Le cause delle fobie possono essere sia esperienze dirette o per esperienza non indiretta.

Chi soffre di acrofobia, per esempio, ha avuto esperienze in passato negative, come essere caduti da un luogo elevato, aver visto qualcun altro cadere dall'alto oppure avere avuto un attacco di panico o un'altra esperienza negativa mentre si era in una posizione elevata.

Per chi soffre di agorafobia ritornare in luoghi, o rivivere situazioni, in cui in passato si sono verificati attacchi di panico può scatenare nuovamente l'ansia, di solito le persone che soffrono di agorafobia tendono ad evitarli.

Chi invece soffre di claustrofobia è probabile che nel passato sia rimasto bloccato in uno spazio stretto o affollato per un lungo periodo di tempo, come per esempio un ascensore oppure rimasto bloccato sotto un tunnel su mezzi pubblici affollati.

Ma non sempre le fobie hanno come cause dei fattori ambientali ed esperienze passate, infatti queste possono anche mancare e in questo caso le cause vanno ricercare in schemi mentali e pensieri negativi della persona.

Per esempio, una persona che non ha mai preso un aereo, potrebbe aver paura perché ha visto in TV un aereo cadere, oppure chi soffre di claustrofobia ha ascoltato l'esperienza non bella di restare chiusi in ascensore da parte di un amico.

Per tutte e tre le fobie enunciate la persona che ne soffre di fronte alla possibilità di trovarsi nelle situazioni temute prova ansia anticipatoria e se non possono mettere in atto il loro comportamento di evitare del pericolo allora vanno spesso incontro ad un attacco di panico.

Come interviene la CBT?
Essa interviene sui sintomi principali della fobia, cioè la costrizione e la perdita di controllo, due sensazioni reali e concrete nell'atto dell'insorgere della fobia.

Per chi soffre delle fobie enunciate, la costrizione significa trovarsi in una situazione da cui non si può uscire. In questo caso si lavora con il paziente per convincerlo che non esistono costrizioni mentali ma che siamo noi a voler essere prigionieri e fargli capire che le situazioni che lui immagina terrificanti non sono per nulla reali.
Invece per la perdita di controllo (che porta nel paziente durante l'attacco fobico la paura di impazzire oppure di morire) il terapeuta e porterà il paziente a rendersi conto che pensare costantemente ad un evento negativo è solo qualcosa di controproducente e dannoso.

Fobia sociale
La fobia sociale, definita anche come disturbo d'ansia sociale, e la paura che nasce quando una persona svolge le sue normali attività sociali quotidiane; la persona che soffre di questo disturbo ha la continua paura di essere osservato

e giudicato per ogni suo comportamento o azione che svolge davanti agli altri.

Una persona con disturbo d'ansia sociale avverte sintomi di ansia o paura in alcune o tutte le situazioni sociali, come incontrare nuove persone, uscire con qualcuno, partecipare a un colloquio di lavoro, ad una interrogazione scolastica o semplicemente dover parlare con una commessa di un negozio. Anche i normali gesti quotidiani (come, per esempio, mangiare o bere) fatti davanti alle persone, provocano ansia o paura. La persona che soffre di questa fobia teme di essere giudicata da tutti i presenti e magari umiliata e di conseguenza respinta.

Chi soffre di questa fobia ha quindi ha paura o ansia di essere esposto al possibile giudizio degli altri, come essere osservati o eseguire prestazioni di fronte ad altri; teme fortemente il giudizio degli altri perché è convinto a priori che questo giudizio
sarà negativo e come conseguenza di questa paura tenderà ad evitare tutte situazioni sociali, se invece non possibile evitare queste situazioni in lui nascerà ansia e panico.

Le esperienze quotidiane comuni che possono essere difficili da sopportare quando si soffre di disturbo d'ansia sociale includono, ad esempio, interagire con persone sconosciute o estranei, partecipazione a feste o incontri sociali, andare al lavoro o a scuola, avviare una conversazione, entrare in una stanza in cui le persone sono già sedute, mangiare davanti agli altri.

Il terapeuta deve indagare e scoprire quali sono le caratteristiche e le variabili della situazione che la persona evita: sesso, numero ed età dei presenti, se conosciuti o meno, se è il paziente che si rivolge agli altri o viceversa, se teme che gli vengano richieste prestazioni oppure opinioni personali.

L'intervento del terapeuta punta al decondizionamento, cioè all'estinzione o al cambiamento del comportamento del paziente che conduce a questa fobia.

Con il decondizionamento degli stimoli della fobia si arriva a distruggere l'associazione tra la situazione della fobia, la risposta d'ansia evocata e il comportamento emesso. Quando le persone riescono ad evitare l'attacco d'ansia riescono poi anche ad eliminare il comportamento che li spinge ad evitare la situazione che li spaventa.

Quindi l'intervento del terapeuta è rivolto a rompere e far scomparire il legame situazione della fobia – ansia; dopo che la terapia è riuscita ad estinguere questo legame si passa al secondo step, che consiste nel costruire un nuovo tipo di comportamento per fare in modo che il paziente riesca ad avvicinarsi alla situazione che lo spaventa ma desso in modo positivo e sereno.

Ansia

Con la parola ansia si indica un complesso e variegato insieme di reazioni cognitive, comportamentali e fisiologiche che si manifesta come la conseguenza di uno stimolo ritenuto minaccioso e nei cui confronti nasce la paura di non essere sufficientemente capaci di reagire.

L'ansia in generale è un comportamento normale attivato dall'organismo quando una situazione viene percepita come pericolosa, ma questa "normalità" in alcune persone diventa patologica.

Le persone con disturbi d'ansia hanno spesso preoccupazioni e paure intense, eccessive e persistenti per quasi tutte le situazioni quotidiane; spesso questa situazione comportano ripetuti episodi di sentimenti improvvisi di intensa ansia e paura e in alcuni casi possono sopraggiungere attacchi di panico.

I sintomi d'ansia possono includere:

- Sensazione di nervosismo, irrequietezza o tensione

- Tachicardia

- Iperventilazione

- Tremori

- Sudorazione eccessiva

- Sensazione di debolezza

- Difficoltà ad addormentarsi

- Problemi gastrointestinali (vomito, diarrea)

- Stanchezza fisica e mentale.

Le cause di questo disturbo sono molteplici. Vediamo alcune.

Ansia da fobia

Le varie fobie esistenti sono una delle cause più ricorrenti per l'ansia. Esse sono caratterizzate da una forte ansia quando si è esposti esposto a un oggetto o una situazione specifica.

Ansia da condizione medica

L'ansia è dovuta alla forte preoccupazione per una situazione patologica

Disturbo generalizzato d'ansia

Ansia persistente ed eccessiva e preoccupazione per attività o eventi, anche ordinari e di routine. La preoccupazione è sproporzionata rispetto alle circostanze reali, ed è molto difficile da controllare.

Ansia da attacchi di panico

Gli attacchi di panico comportano un'improvvisa ed intensa ansia e paura.

Ansia da mutismo selettivo

La paura nel parlare in presenza di persone può generare forti attacchi di ansia. Tutto ciò può interferire in modo molto negativo negli studi, a lavoro e nei rapporti sociali. Questo sintomo è molto evidente nella fobia sociale.

Ansia e astinenza

Il disturbo d'ansia indotto da sostanze è caratterizzato dall'astinenza di farmaci, droghe o alcool.

Ansia da patologia fisica

Alcune malattie possono essere causa di ansia: diabete, cardiopatie, disturbi respiratori, sindrome dell'intestino irritabile e alcuni tipi di tumore.

Ansia e stress

Un grande evento o un accumulo di piccole situazioni di vita stressanti possono innescare un'ansia eccessiva, ad esempio un lutto in famiglia, stress lavorativo o preoccupazione continua per le proprie finanze economiche.

Come interviene la CBT?

Per affrontare i disturbi d'ansia la CBT interviene in due maniere:

- cura del disturbo

- tecniche di prevenzione del disturbo

Per la cura vengono usare varie tecniche di rilassamento come, per esempio, il training autogeno e tecniche propria della terapia cognitivo-comportamentale come l'esposizione graduale del paziente alla situazione che scatena che l'ansia e la paura.

Riguardo la prevenzione la CBT mette in atto dei processi di addestramento che portano il paziente ad apprendere i comportamenti utili per gestire le proprie emozioni davanti ad un evento che lui ritiene spiacevole e che gli provoca ansia; e gli viene insegnato come avere fiducia per poter affrontare le situazioni ansiogene.

Attacchi di panico

Un attacco di panico è un episodio improvviso d'intensa paura che innesca gravi reazioni fisiche, psicologiche ed emotive, e avviene anche quando non c'è un pericolo reale o una causa apparente; esso è caratterizzato da un'ansia molto intensa, tachicardia, fiato corto e può presentarsi in qualsiasi momento e spesso è associato a periodi di forte stress e stanchezza.

Gli attacchi di panico possono colpire in qualsiasi momento e senza alcun preavviso: quando sei in treno, al centro commerciale, nel mezzo di una riunione di lavoro, quando sei ad una festa, ogni momento potrebbe essere idoneo per l'arrivo di un attacco di panico; esso può essere un evento occasionale, sebbene molte persone sperimentino episodi ripetuti di questi attacchi.

Di solito, la situazione che induce al panico è quella in cui ti senti in pericolo e incapace di scappare, innescando la risposta di lotta o fuga del corpo. Quando il corpo si trova di fronte a un pericolo immediato, il cervello ordina al sistema nervoso autonomo di attivare la risposta "fuga o lotta".

Il corpo è inondato da una serie di sostanze chimiche, inclusa l'adrenalina, che innescano cambiamenti fisiologici.

Ad esempio, la frequenza cardiaca e la respirazione vengono accelerate e il sangue viene spostato ai muscoli per prepararsi al combattimento fisico o alla fuga. Si dice che si verifichi un attacco di panico quando viene attivata la risposta "fuga o lotta", ma non c'è pericolo che accada. Una persona può sperimentare i sintomi di un attacco di panico in situazioni innocue e apparentemente prive di stress, come guardare la televisione o mentre dorme.

Gli attacchi di panico possono essere molto spaventosi e quindi le persone che sperimentano ripetuti attacchi diventano molto preoccupate di avere un ennesimo attacco e possono apportare modifiche anche molto sostanziali al loro stile di vita in modo da evitare di avere altri attacchi in futuro.

Sebbene l'ansia sia spesso accompagnata da sintomi fisici, come un battito cardiaco o nodi allo stomaco, ciò che differenzia un attacco di panico da altri sintomi di ansia è l'intensità e la durata dei sintomi. Gli attacchi di panico in genere raggiungono il loro livello massimo di intensità in 10 minuti o meno e poi iniziano a diminuire. Raramente durano più di un'ora, con la maggior parte che termina entro 20-30 minuti.

I sintomi di questo disturbo somigliano a quelli di alcune malattie cardiache, le persone vittime di attacchi di panico, spesso fanno molte visite al pronto soccorso o agli studi medici, convinte di avere qualche grave problema di salute.

Nell'attacco di panico di solito troviamo questi sintomi:
- Vertigini
- Rossore al viso
- Sudorazione abbondante
- Capogiri
- Problemi digestivi (vomito e diarrea)
- Debolezza fisica
- Fiato corto
- Formicolii alle mani
- Palpitazioni
- Nausea
- Crisi di pianto
- Paura di morire

Ovviamente questi sintomi possono anche non comparire contemporaneamente in un attacco di panico.

Non esiste un'unica causa per il disturbo e per gli attacchi di panico; di solito sono coinvolti numerosi fattori, tra cui:

Storia familiare

Le persone con questo disturbo tendono ad avere una storia familiare di disturbi d'ansia o condizioni depressive e alcuni studi suggeriscono una anche componente genetica.

Fattori biologici

Alcune condizioni patologiche (per esempio: aritmie cardiache, ipertiroidismo, asma, broncopneumopatia cronica ostruttiva e sindrome dell'intestino irritabile) sono associate al disturbo di panico.

Esperienze di vita

Le esperienze di vita estremamente stressanti, come l'abuso sessuale infantile, la ridondanza o il lutto, sono state collegate ad attacchi di panico. Anche periodi di stress continuo e forte sono un fattore di rischio.

Come interviene la CBT?

Essa interviene con le seguenti metodologie pratiche:

- Psico-educazione
- Tecnica di rilassamento muscolare
- Esposizione all'evento che scatena la paura

Psico-educazione

Consiste nel fornire al paziente tutte le informazioni sul fenomeno degli attacchi di panico e spiegare le manifestazioni psicologiche che nascono durante questi eventi; e punta ad eliminare tutti i pensieri negativi e catastrofici che intervengono durante un attacco di panico.

Tecnica di rilassamento muscolare

Questa tecnica è un metodo che aiuta ad alleviare stress e ansia ed essa insegna come rilassare i muscoli e tutto il tuo corpo.

Questo esercizio ti aiuterà ad abbassare la tensione generale e i livelli di stress e ti aiuterà a rilassarti quando ti senti ansioso.

Esposizione all'evento che scatena la paura

Consiste nel far affrontare ai pazienti le situazioni ansiogene e quella causa di attacchi di panico. Il paziente insieme al terapeuta, sarà esposto alla situazione che gli procura ansia e resteranno in questa situazione finché l'ansia non diminuisce.

Lo scopo è quello di superare la paura e far capire al paziente che l'ansia è immotivata e gestibile.

Depressione

La depressione è stato psicologico che intacca l'umore che è funzione psichica importante per l'adattamento. Questo disturbo dell'umore provoca senso di tristezza sensazione e forte perdita di interesse e di piacere per le attività quotidiane e influisce sia sui pensieri che sui comportamenti della persona che ne è affetta.

Gli episodi di depressione possono essere di breve durata e lievi, ma esistono anche forme di depressioni molto gravi e durature nel tempo.

Abbiamo due tipi differenti di depressione: il disturbo depressivo maggiore e il disturbo depressivo persistente. Il disturbo depressivo maggiore è la forma più grave di questo disturbo, mentre il disturbo depressivo persistente è una forma di più lieve, ma cronica.

I sintomi della depressione possono sono diversi e includono:

•Tristezza.

•Perdita di interesse e di piacere nello svolgere le attività una volta apprezzate.

•Disturbi del sonno (Si dorme troppo oppure si dorme pochissimo).

• Cambiamenti nell'appetito.

• Stanchezza; anche i compiti più leggeri sembrano richiedere uno sforzo considerevole.

• Perdita di autostima.

• Difficoltà a pensare e a parlare.

• Modificazione dell'umore con presenza di rabbia, aggressività, irritabilità, ansia, irrequietezza.

• Sintomi legati alla sfera sessuale; riduzione del desiderio sessuale, mancanza di prestazioni sessuali.

La depressione viene diagnosticata in presenza di sintomi che si presentano per almeno due settimane di seguito, nel caso del disturbo depressivo maggiore.
Se invece prendiamo in esame il disturbo depressivo persistente i sintomi devono essere presenti da circa due anni.

I comportamenti che contraddistinguono chi si trova in questa situazione sono: evitare i contatti con le persone, comportamenti passivi, riduzione dell'attività sessuale, continue lamentele e nei casi peggiori, possono sopraggiungere tentativi di suicidio.

Le cause scatenanti della depressione sono di vario genere:

• Biochimica. Alcune sostanze nel cervello possono contribuire alla nascita della depressione, come ad esempio le alterazioni nella regolazione dei neurotrasmettitori quali noradrenalina e serotonina.

• Genetica. Se un genitore soffre di depressione, un figlio ha alta probabilità di contrarre la malattia.

• Personalità. Le persone che nutrono una bassa autostima di loro stessi, sono spesso più facilmente sopraffatte dallo stress oppure le persone che sono generalmente pessimiste nella loro vita sembrano avere maggiori probabilità di soffrire di depressione.

• Fattori ambientali. L'abbandono e la povertà o l'isolamento, sono situazioni che possono far insorgere la depressione in una persona.

• Fattori psicologici ed esperienze di vita. Lutti, conflitti interpersonali e familiari, malattie fisiche, cambiamenti di vita, l'essere vittima di un reato, separazioni coniugali e dai figli possono essere cause di nascita della depressione.

Come interviene la CBT?

L'intervento della terapia sarà diviso in due, uno specifico sul lato cognitivo e l'altro sul lato comportamentale.

Intervento sul lato cognitivo

Le sensazioni e le emozioni presenti nel paziente nascono dalla sua visione della realtà. Il modo di affrontare la realtà è la conseguenza dei suoi pensieri negativi e dei suoi processi cognitivi estremamente negativi.

Il tema cognitivo principale del paziente è il fallimento. Tutti i suoi pensieri ruotano intorno a questa sensazione negativa e quindi lo scopo della CBT è quello di cambiare questo schema cognitivo con pensieri più positivi.

Sostituendo l'idea negativa del fallimento si riescono a diminuire tutte quelle sensazioni negative tipiche della depressione quali tristezza e mancanza di interesse verso le azioni quotidiane.

Intervento sul lato comportamentale

La CBT deve spingere il paziente a riprendere le attività piacevoli che il paziente compiva abitualmente in passato.

Stress

Lo stress è la reazione del corpo a qualsiasi cambiamento che richieda un adattamento o una risposta, e durante questi cambiamenti le risposte del nostro organismo sono incentrate su tre livelli: psicologico, fisico ed emotivo.

Nella nostra vita le situazioni di stress sono tante, e fanno del normale svolgimento della nostra vita.

Cause di stress:

- Eventi della vita sia piacevoli che spiacevoli (morte di un genitore, perdita del lavoro, etc).
- Eventi della vita piacevoli (laurea, nascita del primo figlio).
- Cause fisiche: le più comuni sono le limitazioni nei movimenti (soprattutto durante alcune malattie che impediscono al soggetto di muoversi) ed etc.
- Fattori ambientali: per esempio ambienti rumorosi oppure inquinati.
- Malattie organiche: in risposta ad una malattia, il nostro corpo risponde va in stato di stress.

Lo stress cronico può avere questi sintomi a livello fisico:

- Vertigini

- Emicrania

- Problemi gastrici (come, per esempio, reflusso acido e bruciori si stomaco)

- Aumento oppure perdita dell'appetito

- Stanchezza fisica

- Stanchezza mentale

- Difficoltà sessuali

- Dolori generalizzati

- Insonnia

Invece a livello psicologico in periodi di forte stress possono nascere ansia, nervosismo, tendenza ad isolarsi dagli altri e crisi di pianto.

Quante tipologie di stress esistono? Vediamo le più frequenti

Stress e lavoro

Lo stress legato all'attività lavorativa si manifesta soprattutto quando il paziente riceve mansioni di lavoro che superano le sue capacità intellettive e conoscitive della materia e, nella prestazione lavorativa, il soggetto vive uno stato perenne di apprensione in relazione a sintomi come la paura di non riuscire nel suo lavoro e quindi essere criticato per i suoi eventuali scarsi risultati.

Lo stress da lavoro presenta questi sintomi:

- •Fisici: problemi gastrici, mancanza di appetito, insonnia, stanchezza, tensione muscolare e mal di testa.

- •Psichici: perdita di fiducia nelle proprie capacità, distacco, disinteresse e insoddisfazione, senso di impotenza, di frustrazione, fallimento, perdita di interesse, isolamento, chiusura, ansia, attacchi di panico, note depressive, declino delle prestazioni lavorative, riduzione dell'efficienza del proprio lavoro.

Stress per attacchi di panico notturni

Lo stress è presente in tutte le persone che soffrono di attacchi di panico notturno, perché il non dormire porta tensione e nervosismo.

Quando si verifica un attacco di panico mentre si dorme ha come conseguenza la difficoltà a calmarsi e riprendere a dormire e in più si aggiunge la paura che l'attacco possa ripresentarsi e tutto ciò alla fine porta ad ulteriore aumento di stress.

Stress emotivi

Le emozioni positive o negative possono portare periodi di stress nella nostra vita, e ogni cambiamento importante può generare stress (per esempio un matrimonio, oppure un lutto).

Ovviamente non tutti vivono il cambiamento allo stesso modo. Infatti ci sono persone che affrontano i grandi cambiamenti senza emozioni particolari e senza stress, al contrario altre per cui tali mutamenti costituiscono la scaturigine si stati di stress.

Le conseguenze più evidenti possono essere:

•Ansia di non saper affrontare la nuova situazione

•Depressione se lo stress emotivo è causato da un avvenimento negativo (per esempio un lutto oppure un divorzio)

•Demotivazione e poco autostima

•Insonnia

•Costante preoccupazione

Stress in gravidanza

Lo stress è una sensazione molto comune durante la gravidanza, stress dovuto ai disagi fisici ed ai cambiamenti della vita quotidiana.

Livelli elevati di stress che continuano per molto tempo possono causare problemi di salute, come l'ipertensione e malattie cardiache. In più alcuni ormoni legati allo stress possono svolgere un ruolo nel causare alcune complicazioni della gravidanza.

Lo stress grave o di lunga durata può influenzare il sistema immunitario, e questo può aumentare le possibilità di contrarre un'infezione dell'utero. Questo tipo di infezione può causare un parto prematuro.

Le cause dello stress sono diverse per ogni donna, ma qui ci sono alcune cause comuni durante la gravidanza:

- Nausea, stanchezza, mal di schiena

- Sbalzi di umore

- Preoccupazione per il travaglio e il parto

- Preoccupazione circa la propria alimentazione, per paura di provocare indesiderati danni al bambino

- Preoccupazioni per i dopo parto, paura di non essere all'altezza nell'accudire un neonato

Ecco alcuni modi per ridurre lo stress durante la gravidanza:

- Prendere consapevolezza che i disagi della gravidanza sono momentanei.

- Mangiare cibi sani e dormire almeno 8 ore a notte.

- Riposarsi il più possibile ed evitare attività stancanti.

- Provare attività di rilassamento, come lo yoga prenatale o la meditazione.

Stress positivo

Non tutto lo stress è negativo infatti esiste anche l'eustress, o stress positivo che produce sentimenti positivi di eccitazione, realizzazione, significato, soddisfazione e benessere. Esempi di stress positivo (eustress):

- Ricevere una promozione a lavoro
- Andare in vacanza
- La gioia per la nascita di un figlio
- Matrimonio
- Forte vincita di denaro
- Acquistare una casa

Cervicale da stress

Il dolore cervicale è un dolore localizzato in corrispondenza del collo, che spesso si irradia verso braccia e spalle, le cause più comune sono i colpi di freddo improvvisi, una prolungata e scomoda pozione magari sulla sedia durante il lavoro, ma può dipendere anche dall'eccessivo stress.

La fascia cervicale è una parte del nostro corpo che può essere facilmente soggetto a contratture legate allo stress nervoso: proprio in quella zona, infatti, si tende ad accumulare che provocano conseguenti irrigidimenti e contratture.

Il dolore cervicale da stress è quasi sempre accompagnato da mal di testa, gonfiori addominali, respiro corto e tachicardia; questi sintomi sono quasi sempre un campanello di allarme di una particolare situazione psicologica ed emotiva.

Come interviene la CBT?

In due modi:

- apportando cambiamenti esterni al paziente
- apportando cambiamenti interni al paziente

I cambiamenti esterni rientrano nel lato comportamentale, quindi insieme al paziente capirà quali sono i comportamenti e le azioni stressanti e insegnerà ad evitarle.

Per quanto invece riguarda i cambiamenti interni si farà in modo che il paziente cambi il modo di vedere le cose e cambi i suoi schemi mentali di approccio ad una situazione o a un problema generalmente stressante.

Insonnia

L'insonnia è un disturbo del sonno abbastanza frequente e presenta la difficoltà nel riuscire a prendere sonno di sera ed è caratterizzata da continui risvegli durante la notte.

Questa patologia rientra nei disturbi del sonno, ma le sue conseguenze si notano anche durante il periodo di veglia, poiché la persona insonne durante il giorno presenta molto spesso mal di testa, stanchezza sia fisica che mentale, stress e difficoltà a concentrarsi.

E con il tempo questa patologia può generare difficoltà a gestire vari aspetti della vita come lo studio, il lavoro e i rapporti sociali.

In più con il tempo, a causa dell'insonnia, possono presentarsi i tipici eventi patologici correlati alla mancanza di sonno. I più comuni sono: diminuzione delle difese immunitarie, infarto, diabete e pressione alta.

Le cause più comuni sono stress, ansia, depressione, errata alimentazione, abuso di sostanze eccitanti come il caffè, dipendenza da alcool.

Come interviene la CBT?

La terapia cognitivo-comportamentale interviene con la psicoeducazione al sonno e con strategie psicologiche che servono a diminuire eventuali pensieri negativi presenti prima di andare a letto.

L'igiene del sonno serve a dare informazioni e spiegazioni sulle dinamiche del sonno ed esattamente sull'atto dell'addormentarsi.

Per esempio, si parla del ruolo che la caffeina, l'alcool, la nicotina e in generale il nostro stile di vita hanno nella frammentazione del sonno. Viene approfondito il ruolo della luce e dell'esercizio fisico nel mantenere la vigilanza diurna e il ruolo dell'oscurità e del silenzio nella stanza da letto; tutto ciò viene attuato per apportare cambiamenti del comportamento del paziente.

Invece la parte cognitiva della terapia insegna al paziente come evitare di concentrarsi sui pensieri negativi prima di andare a dormire.

Anoressia

Etimologicamente anoressia significa "mancanza di appetito".

Questa è una patologia che colpisce prevalentemente le persone che hanno paura di ingrassare e quindi seguono una sbagliata dieta molto ferrea, fanno esercizio fisico in maniera eccessiva. Chi soffre di questa patologia dopo aver mangiato tende a indursi il vomito per eliminare dal proprio corpo il cibo assunto; quindi notiamo da parte della persona una ossessiva sopravvalutazione dell'importanza della propria forma fisica, del proprio peso e corpo e una necessità di stabilire un controllo serrato su di esso.

Va comunque sottolineato che l'anoressia non è semplice da trattare poiché rientrano in questa patologia diversi disagi psicologici ed emotivi e il trattamento deve includere non solo questa parte psicologica ma anche quella strettamente alimentare.

Oltre all'eccessiva importanza della forma fisica, l'anoressia può essere anche conseguenza di psico- fisici come la violenza sessuale e i maltrattamenti in famiglia,

può dipendere dal fatto che l'individuo subisca situazioni particolarmente difficili oppure la non accettazione in società a causa del peso così come gli atti di derisone e bullismo per via del suo peso giudicato eccessivo.

Come interviene la CBT?

La terapia cognitivo-comportamentale ha come obiettivo quello di modificare lo schema mentale del paziente anoressico che crede fortemente che il suo peso sia la più importante caratteristica in base alla quale stimare suo proprio valore personale e la propria autostima.

Al lavoro dello psicoterapeuta va affiancato il lavoro di un nutrizionista per ristabilire il giusto peso e per adottare schemi alimentari idonei.

LE TECNICHE DELLA TERAPIA COGNITIVO-COMPORTALE

Quando parliamo di terapia cognitivo-comportamentale prendiamo in esame una metodologia che presenta diversi approcci terapeutici e usa diverse tecniche di intervento; ora andremo ad analizzare i metodi di intervento della CBT suddividendole in comportamentali e cognitive.

Tecniche cognitive

Secondo la CBT la cognizione si divide in tre livelli:

- Convinzioni profonde

- Convinzioni intermedie

- Pensieri automatici

Ricordiamo che la cognizione è il processo che ci porta alla conoscenza di qualcosa; questa conoscenza si esplica attraverso i pensieri e l'esperienza.

Le convinzioni profonde sono le interpretazioni di base con cui un soggetto rappresenta se stesso e la realtà intorno.
Queste convinzioni (definite anche schemi cognitivi) vengono viste come verità intoccabili e immutabili.

Le convinzioni intermedie sono le opinioni su se stessi, sugli altri e sulla realtà; esse a differenza delle convinzioni profonde sono più malleabili e soggette a cambiamenti nel tempo soprattutto in base alle esperienze vissute.

I *pensieri automatici* sono i responsabili delle emozioni di una persona e cambiano velocemente in base all'esperienza che si sta vivendo.

Per esempio, essere bocciati ad un esame universitario può far nascer il pensiero automatico "Non sono intelligente"

Il lato cognitivo della CBT lavora andando a intaccare questi livelli della cognizione del paziente, soprattutto le convinzioni profonde e intermedie, perché sono queste due che spesso portano il paziente ad avere una visione distorta della realtà.

Autocontrollo

Con questa tecnica la CBT insegna al paziente a gestire in maniera autonoma le proprie reazioni e i propri pensieri senza farsi influenzare da fattori ambientali e sociali; tutto ciò per giungere all'autodeterminazione, in modo da rendere indipendenti il paziente dalle influenze ambientali nelle attività e decisioni della vita quotidiana.

Per esempio, nella fobia sociale il paziente accusa forte stress perché mentalmente è condizionato dal giudizio che gli altri possano avere di lui; riuscendo a non farsi sopraffare da questo fattore sociale (le altre persone) riuscirà a superare questa irrazionale paura del giudizio degli altri.

Le strategie di autocontrollo sono abilità cognitive e comportamentali utilizzate dagli individui per mantenere l'auto-motivazione e raggiungere obiettivi personali. Inizialmente le abilità possono essere apprese da un terapista, un testo o un libro di auto-aiuto. Tuttavia, l'individuo è responsabile dell'utilizzo di queste abilità in situazioni di vita reale per produrre i cambiamenti desiderati.

La maggior parte delle persone che decidono di utilizzare strategie di autocontrollo sono insoddisfatte di un certo aspetto della propria vita. Ad esempio, potrebbero pensare di fumare troppo, fare troppo poco esercizio fisico o avere difficoltà a controllare la rabbia. Le strategie di autocontrollo sono utili per una vasta gamma di preoccupazioni, comprese quelle mediche (come diabete, dolore cronico, asma, artrite, incontinenza o obesità), per le dipendenze (come abuso di droghe e alcol, fumo, gioco d'azzardo o disturbi alimentari),per attività professionali (come abitudini di studio, capacità organizzative o produttività del lavoro) e per l'aspetto psicologico (come stress, ansia, depressione, rabbia eccessiva, iperattività o timidezza).

Le strategie di autocontrollo vengono spesso insegnate in centri di trattamento, terapie di gruppo o individuali, scuole o ambienti professionali. Tuttavia, i programmi di autocontrollo possono essere progettati anche senza l'aiuto di un professionista, soprattutto se il problema da affrontare non è grave. L'uso di professionisti, almeno inizialmente, può aumentare le probabilità che il programma abbia successo. Di seguito sono riportati i passaggi necessari per creare un programma di autocontrollo:

- •Prendere un impegno. Un piano non può avere successo se non ci si impegna a seguirlo. I modi per aumentare il livello di impegno includono elencare i vantaggi dell'adesione al programma, raccontare agli altri le proprie intenzioni, pubblicare promemoria scritti degli impegni in casa propria, dedicare una notevole quantità di tempo ed energia alla stesura del programma e pianificare modi per affrontare gli ostacoli in anticipo.

•Identificazione del problema. Il comportamento che necessita di cambiamento è indicato come comportamento target o comportamento controllato. Una definizione precisa del comportamento target è un primo passo cruciale. Questo di solito viene fatto conservando registrazioni dettagliate su quando, dove e come si verifica il comportamento per una o due settimane. La registrazione dovrebbe anche concentrarsi su altri atteggiamenti concorrenti che potrebbero interferire con il comportamento target. Ad esempio, per una persona che sta cercando di ridurre il consumo di calorie, un comportamento competitivo sarebbe mangiare snack ipercalorici. È importante notare gli antecedenti e le conseguenze del target e dei comportamenti. Ad esempio, cosa accade immediatamente prima (antecedenti) e dopo (conseguenze) questi comportamenti? Gli antecedenti e le conseguenze sono fattori che influenzano il verificarsi del comportamento.

•Fissare un obiettivo. Una volta definito il comportamento target, l'individuo deve decidere in che modo tale comportamento deve essere modificato. L'obiettivo dovrebbe essere specifico in modo che i progressi futuri possano essere misurabili. Ciò può comportare un elenco di circostanze o comportamenti che devono essere presenti, nonché in che misura devono essere presenti, affinché un obiettivo possa essere raggiunto. Si raccomanda inoltre di indicare un periodo di tempo in cui l'obiettivo può essere realisticamente raggiunto. Gli obiettivi dovrebbero essere realistici. È meglio fissare un piccolo obiettivo e passare a traguardi più grandi piuttosto che fissare un obiettivo grande e scoraggiarsi rapidamente.

Problem-solving

La terapia per la risoluzione dei problemi si basa su un modello di stress e benessere che tiene conto dell'importanza della risoluzione dei problemi nella vita reale. In altre parole, la chiave per gestire l'impatto degli eventi stressanti della vita è sapere come risolvere i problemi man mano che si presentano.

Ci sono due componenti principali che compongono la struttura del problem solving: applicare l'orientamento alla risoluzione dei problemi nella tua vita e usare le capacità di risoluzione dei problemi.

Quando sperimenterai questo approccio, imparerai ad applicarlo in tutte le aree della tua vita. Ciò significa che inizierai a vedere i problemi come sfide da risolvere invece che ostacoli insormontabili. Significa anche che riconoscerai il tempo e l'azione sistematica necessari per impegnarti in tecniche efficaci di risoluzione dei problemi.

Ad esempio, se stai vivendo un periodo di depressione e hai difficoltà a mangiare pasti sani ogni giorno, dovresti vedere questa situazione come un problema che può essere risolto attraverso un piano sistematico che potrai implementare.

La seconda componente del problem solving è imparare ad utilizzare le tue capacità di risoluzione dei problemi. Ovvero:
- Sapere identificare il problema
- Definire il problema in modo utile
- Cercare di capire il problema più a fondo
- Stabilire obiettivi relativi al problema
- Generare soluzioni creative alternative al problema
- Scegliere la migliore linea d'azione
- Implementare la scelta che hai fatto
- Valutare il risultato per determinare i passaggi successivi

Per scomporlo in modo più specifico, la terapia per la risoluzione dei problemi utilizza un approccio a quattro punte.

1.Definizione e formulazione del problema. Questo passaggio implica l'identificazione del problema della vita reale che deve essere risolto e la sua formulazione in un modo che consenta la generazione di potenziali soluzioni.

2.Generazione di soluzioni alternative. Questa fase comporta la generazione di varie potenziali soluzioni al problema in questione al fine di affrontare in modo creativo lo stress della vita in modi che potresti non aver considerato in precedenza.

3.Strategie decisionali. Questa fase prevede la discussione di diverse strategie per prendere decisioni e l'identificazione degli ostacoli che possono ostacolare la risoluzione del problema in questione.

4.Implementazione e verifica della soluzione. Questa fase prevede l'implementazione di una soluzione scelta e quindi la verifica dell'efficacia nell'affrontare il problema.

Promemoria (coping cards)
Il dialogo interiore negativo non aiuta. Puoi provare a fermare il pensiero, ma a meno che tu non abbia un argomento sostitutivo, probabilmente non funzionerà.

Ecco perché ha senso scrivere delle frasi all'interno dei promemoria.

Ogni volta che il dialogo interiore negativo ti abbatte, tira fuori il tuo promemoria e leggi le tue affermazioni positive finché non ti sentirai meglio. Sembra troppo semplice per funzionare, ma funziona e, poiché è così semplice, puoi creare i tuoi promemoria anche in questo momento.

I promemoria non sono altro che affermazioni positive e veritiere che vengono utilizzate per sostituire i pensieri negativi e falsi che prendono il sopravvento quando ti senti ansioso, stressato, arrabbiato oppure quando affronti delle situazioni opprimenti. Ad esempio:

Sostituisci "Non ce la faccio più". Con "E' una situazione scomoda, ma posso gestirla se faccio respiri lenti e profondi".

Inoltre, un esempio di affermazione utile ad affrontare il problema di una persona con attacchi di panico potrebbe essere la seguente:

"Sono al sicuro e questo momento passerà. Sono sopravvissuto a momenti come questi. Lo lascerò passare e starò meglio."

Non è semplice ricordarti i tuoi promemoria una volta che ti sentirai sopraffatto. Ecco perché è utile scriversi questi appunti su un foglio che potrai tranquillamente portare con te. Potresti scrivere frasi diverse per situazioni diverse che provocano ansia, panico o voglia di bere o qualunque situazione in cui ti troveresti in difficoltà.

Secondo la dottoressa Barbara Markway, specialista in ansia sociale, per ottenere il massimo dai promemoria, segui questi consigli:

- Scrivi le affermazioni con parole tue, non in un linguaggio che non useresti o con cui non ti sentiresti a tuo agio (evita un linguaggio formale o accademico).

- Scrivi affermazioni che affrontino specificamente il tuo problema: se hai ansia per l'incontinenza, scrivi specificamente al riguardo.

- Scrivi dichiarazioni rassicuranti, ma anche realistiche e veritiere. Se lotti con il dolore, ripetere "Non sento dolore" probabilmente non aiuterà (non riuscirai ad ingannarti!). Un'affermazione più accurata e quindi più utile, potrebbe essere: "Questo dolore non durerà per sempre."

•Mantieni le dichiarazioni brevi e facili da memorizzare, così non avrai problemi a ricordare e ripetere la tua dichiarazione quando ti senti sopraffatto (quando ne hai più bisogno).

Usa i tuoi promemoria ogni volta che senti ansia, panico, senti di essere sopraffatto, ecc. Se usi le tue dichiarazioni per prevenire i pensieri negativi in una situazione di crisi:

1.Leggili ad alta voce (se possibile) e ripetili finché non inizi a sentirti meglio.

2.Se un'affermazione in particolare ti aiuta a calmarti di più, continua a ripeterla a te stesso, come un mantra.

3.Prova a respirare lentamente e profondamente – con il diaframma - mentre leggi i tuoi promemoria.

Hai bisogno di un po' di ispirazione prima di iniziare a scrivere le tue frasi? Ebbene, prendi spunto dai seguenti esempi e ottieni alcune buone idee per i tuoi promemoria:

•Combattere non aiuta, quindi mi rilasso e respirerò profondamente e lascerò che voli via.

- Questa sensazione non è confortevole, ma posso gestirla.

- Rilassandomi attraverso questi sentimenti imparo ad affrontare le mie paure.

- Posso sentirmi ansioso e affrontare ancora questa situazione.

- Questa non è una vera emergenza. Posso rallentare e pensare a cosa devo fare.

- Questa sensazione andrà via

- Rimanendo presente e concentrato sul mio compito la mia ansia diminuirà.

- Questi sono solo pensieri, non realtà.

- L'ansia non mi farà male.

- Sentirsi tesi è naturale.

- Le cose non vanno così male come le sto immaginando.

- Non sottovalutare gli aspetti positivi.

Tecnica della scoperta guidata

La scoperta guidata può essere uno degli interventi più vantaggiosi utilizzati nella CBT. In poche parole, la scoperta guidata è un processo che un terapeuta utilizza per aiutare il suo cliente a riflettere sul modo in cui processa le informazioni. Attraverso i processi di risposta alle domande o riflessione sui processi di pensiero, si apre una gamma di pensieri alternativi per ogni persona. Questo pensiero alternativo costituisce il modello per il cambiamento delle percezioni e dei comportamenti.

Ad esempio, una donna si siede su un divano a parlare con il suo terapista e prende una tazza di tè. Essenzialmente, si potrebbe suggerire che un paziente che si avvicina a un terapista CBT stia inizialmente ragionando in maniera insensata. Questo non vuol dire che un cliente sia ignorante o non sia in grado di pensare. Piuttosto, che il cliente ha una gamma di processi cognitivi automatici che possono essere eseguiti senza intervento. Alcuni di questi processi di pensiero possono essere stati sviluppati durante l'infanzia, mentre altri possono derivare direttamente da uno stato d'animo immediato.

Un'utile analogia per la scoperta guidata è pensare di andare da un ottico per un esame della vista. L'ottico può inizialmente mettere uno strumento sulla testa dei propri clienti con una serie di lenti. Inizialmente, i loro clienti non riescono a vedere molto bene attraverso questo aggeggio (ciò che percepiscono è una sfocatura). L'ottico inizia quindi a rimuovere o sostituire gradualmente le lenti e, dopo un po', attraverso un processo di tentativi ed errori (e feedback dal cliente) ogni individuo inizia a vedere più chiaramente.

La scoperta guidata funziona esattamente allo stesso modo dell'esempio precedente. Tranne che, invece di usare lenti ottiche, il terapista CBT aiuta il cliente a usare lenti di percezione. Percepire le informazioni è un modo diverso che consente a ciascun paziente di accedere a una gamma di scelte nella propria vita, apparentemente, per vedere la propria vita attraverso lenti diverse. Quando vediamo la vita in un modo diverso, cambia anche la nostra reazione emotiva agli eventi. Questi tipi di continue rivalutazioni coscienti nella CBT sono molto importanti perché gettano le basi del futuro "pensiero automatico" e rendono meno probabile la ricaduta.

Tecnica dell'ABC
Il modello ABC è uno strumento comunemente usato per la terapia cognitivo comportamentale. Albert Ellis ha introdotto per la prima volta il modello ABC per applicarlo alle persone per superare il pensiero pessimistico. Secondo Ellis, il metodo si basa su come gli individui vivono o

percepiscono situazioni particolari. Il modo in cui le persone pensano, influisce immediatamente sulle convinzioni sugli eventi futuri e sulla felicità personale. Questi pensieri potrebbero essere irrazionali, che possono essere successivamente valutati con la tecnica ABC.

Ad esempio, una persona potrebbe arrabbiarsi a causa di un particolare evento. È indubbiamente alta la possibilità che questa persona incolpi un altro individuo per averlo fatto sentire in questo modo. Questo è un tipico esempio della tecnica ABC di come un individuo possa avere pensieri irrazionali perché la persona permette a se stessa di provare emozioni negative. Sebbene possa essersi verificata una situazione problematica, il modo in cui viene affrontata determina le emozioni e il comportamento attuali di un individuo.

Secondo il modello ABC, gli eventi esterni influenzano le emozioni di un individuo. Ma le emozioni delle persone sono molte volte influenzate da convinzioni personali. Le emozioni e il comportamento delle persone non sono influenzati dal risultato dell'accumulo di eventi. Sono influenzati dal modo in cui gli eventi vengono valutati ed elaborati da un individuo. In questo caso, il modello ABC può essere utile per valutare la situazione.

Il modello ABC prevede un componente chiamato trigger. Questo approccio si occupa della situazione reale e analizza i trigger che causano i pensieri e le emozioni di un individuo. Si occupa sempre di eventi che hanno provocato reazioni emotive o pensieri irrazionali. Potresti porti le seguenti domande per analizzare l'evento trigger:

- Qual era la situazione?

- Chi era coinvolto?

- Cosa hanno fatto le altre persone?

- Qual era il mio ruolo?

- Quali emozioni sono state coinvolte?

Le credenze della tecnica ABC chiedono all'individuo di analizzare i pensieri che si sono verificati quando si è verificato l'evento attivante. Le convinzioni riguardano la mente di un individuo e potrebbero essere corrette o errate, ma anche negative o positive. In questa fase è essenziale analizzare la situazione e identificare se le convinzioni sono giuste o meno. Poniti le seguenti domande per questa fase:

•Cosa ho pensato quando si è verificato l'evento di attivazione?

•In che modo i miei pensieri sostenevano le mie convinzioni?

Le conseguenze, come suggerisce il nome, riguardano il risultato dell'attivazione e delle credenze. Sulla base del modello ABC, le conseguenze valutano l'azione e le emozioni risultanti dagli eventi attivanti.

•Che tipo di emozioni sto provando in conseguenza agli eventi?

•Che tipo di comportamento personale negativo posso riconoscere come risultato di eventi e convinzioni attivanti?

•In che modo il mio comportamento influenza l'ambiente?

Considera questo esempio per aiutarti lungo la tua personale tecnica ABC. Claudia è una dipendente della società ZZZ ed è stata assunta da poco. È stata assunta perché la società XYZ sta consolidando tre uffici internazionali in un ufficio centralizzato che controlla i mercati regionali. La responsabilità di Claudia è garantire operazioni regolari e, se necessario, discutere, richiedere e attuare modifiche alle modalità di lavoro standard.

Claudia è entusiasta di portare a termine con successo il lavoro perché le sfide e il duro lavoro la motivano. Riporta direttamente al manager, ma riceve anche incarichi dai direttori di dipartimento.

Durante il lavoro, a Claudia sono stati assegnati molti incarichi mentre allo stesso tempo stava individuando modi per consolidare le operazioni di tre uffici in un ufficio centralizzato. Claudia stava lavorando sodo e riusciva a malapena a finire il carico di lavoro prima delle scadenze. Allo stesso tempo, il supervisore diretto di Claudia, il manager, le ha assegnato un lavoro che ha chiesto di completare prima a causa di una certa urgenza. Di conseguenza, il manager ha chiesto se l'incarico fosse completo o meno.

Claudia ha risposto al suo manager che l'incarico era quasi finito e che lo avrebbe consegnato al più presto. Tuttavia, in realtà, era lontana dal completare il lavoro. Era seccata perché i continui task incrementali erano troppo per lei.

Tuttavia, non si è lamentata, ha stabilito nuove priorità e ha finalizzato l'incarico il più velocemente possibile.

Quando ha terminato l'incarico, il manager è rimasto sorpreso dalla velocità con cui è stato completato. Claudia è stata elogiata e il suo lavoro e i suoi contributi sono stati apprezzati.

Valutiamo ora la situazione utilizzando i componenti e le domande precedentemente descritte del modello ABC.

Claudia era una nuova dipendente e ha collaborato strettamente con l'alta dirigenza. Aveva una responsabilità e doveva mettersi alla prova. Era spinta da un lavoro impegnativo, ma il carico era diventato troppo. Sulla base dell'evento di attivazione del modello ABC, si è sentita frustrata e ha dovuto trovare modi innovativi per finire il lavoro.

Claudia credeva che ci si aspettasse che tutto dovesse essere finito il prima possibile. Dato che aveva molti incarichi, Claudia pensava di essere in ritardo. Sentiva inoltre di non riuscire a tenere il passo con il carico di lavoro. Tuttavia, in questo caso, le sue convinzioni non erano corrette perché le restava più tempo di quello che pensasse.

Di conseguenza, Claudia disse al direttore che uno dei compiti a cui era stata assegnata era quasi terminato anche se lei doveva ancora lavorare su quell'incarico. In questo caso e sulla base del modello ABC, il comportamento di Claudia ha dimostrato di influenzare positivamente l'ambiente perché il suo duro lavoro ha motivato anche gli altri.

Tuttavia, avrebbe potuto essere onesta con il suo manager e spiegare le altre priorità che aveva. Insieme avrebbero potuto trovare una soluzione e vedere quale struttura avrebbe funzionato meglio. In questo scenario, i pensieri di Claudia sulla pressione lavorativa dei vari incarichi erano sbagliati perché il suo manager le avrebbe dato più tempo per finire i suoi task.

Fissare i pensieri positivi

Alla fine della giornata scrivere su un diario le cose belle capitate nella giornata e qualunque altro pensiero positivo che viene in mente.

Scrivere un diario

Il terapeuta consiglia sempre al paziente di scrivere un diario dove annottare tutti i suoi stati d'animo e i pensieri. Il diario va scritto in un luogo tranquillo, quando si è da soli e l'ambiente permette di concentrarsi su se stessi.

Questo diario sarà di grande aiuto al terapeuta per conoscere i pensieri negativi del paziente e lavorare insieme a lui per cambiarli. E in più serve al paziente per capire quali sono i pensieri che alimentano il suo disagio psichico.

Se ti senti stressato, ansioso o depresso, può essere utile tenere un diario.

Nella terapia cognitivo comportamentale (CBT), viene definito come il diario dei pensieri ed è uno strumento che viene utilizzato per registrare ciò che pensi quando sei in uno stato emotivo negativo. Ciò, ti consentirà di trovare modi per affrontare quei pensieri negativi per vederli da un punto di vista diverso e valutare quanto sono reali o meno.

Cosa puoi scrivere all'interno di un diario? Ecco qualche esempio pratico:

Registrare quello che hai fatto durante la giornata. Registrare eventuali episodi di ansia o stress nel corso della giornata e annotare a tale riguardo:

- La situazione che ti ha fatto sentire stressato o ansioso

- I tuoi pensieri in quella situazione

Cosa hai cercato di fare per affrontare l'ansia o lo stress. Il risultato: ciò che hai cercato di fare è stato d'aiuto?

- Una valutazione della tua soddisfazione per come è andata la giornata

- Un commento costruttivo sulla giornata.

Se sei di umore negativo potresti tendere a concentrarti su ciò che non hai fatto o sentire di non aver ottenuto il meglio. Registrare ciò che hai fatto può aiutare ad analizzarlo e a guardarlo da un altro punto di vista. Se c'è qualcosa di cui sei particolarmente ansioso, può anche aiutarti a capire che nel corso della giornata accadono altre cose che non sono collegate a quell'ansia.

Registrare le tue azioni per gestire eventi ansiosi o stressanti può aiutarti a identificare quali strategie funzionano per affrontare, appunto, ansia e stress. Annotare i tuoi momenti di soddisfazione quotidiana può aiutarti a capire l'andamento del tuo umore nel tempo.

Fare un commento costruttivo sulla giornata può aiutarti a spingerti a vedere le cose in modo più equilibrato se hai la tendenza a essere negativo. Se la giornata è andata bene allora è facile registrare un commento costruttivo. Se non è andata come ti aspettavi, annota un commento costruttivo anche se è solo per ricordare a te stesso una cosa che hai fatto o una piccola parte della giornata che hai apprezzato.

Se sei stressato, ansioso o anche solo curioso, prova a tenere un diario come questo per vedere trovi questo strumento utile!

Tecniche comportamentali

Praticare tecniche di rilassamento può aiutare con lo stress causato dalla depressione o mentre si cerca di smettere di fumare o bere alcolici. Questa sezione si concentra sull'aiutarti a rilassarti usando diverse tecniche di meditazione. La meditazione può alleviare lo stress e aiutare le persone a dormire meglio.

Nelle prossime righe, conoscerai 4 tecniche di rilassamento. Prova tutti i metodi e poi decidi qual è il migliore per te. Oppure, continuare a praticare e procedi ad una combinazione di queste tecniche.

Per ogni metodo di rilassamento, scegli un posto tranquillo e dedica 5-10 minuti durante il giorno in cui non sarai disturbato. Potrebbe essere utile spegnere la televisione, la radio e il telefono.

Siediti in silenzio in una posizione comoda. Durante il rilassamento è particolarmente importante evitare la tensione muscolare. Evita di sdraiarti perché potresti addormentarti. Una sedia morbida è solitamente la scelta migliore.

Chiudi gli occhi e concentrati sul tuo respiro.

Rilassamento muscolare progressivo

La tecnica di rilassamento muscolare progressiva è una pratica finalizzata alla riduzione dell'ansia. Il primo estimatore di questo approccio fu Edmund Jacobson, medico americano, a partire dal 1930. La tecnica prevede l'alternanza di tensione e rilassamento in tutti i principali gruppi muscolari del corpo.

Se soffri di disturbo d'ansia sociale (SAD), i tuoi muscoli sono molto spesso tesi. Praticando la PMR, imparerai come un muscolo rilassato è diverso da un muscolo teso.

Il rilassamento muscolare progressivo viene generalmente utilizzato insieme ad altre tecniche di terapia cognitivo comportamentale. Tuttavia, praticare da solo la tecnica ti darà un maggiore senso di controllo sulla risposta all'ansia del tuo corpo.

Se pratichi correttamente questa tecnica, potresti persino finire per addormentarti. In tal caso, congratulati con te stesso per aver ottenuto un livello di rilassamento così profondo e per il lavoro che hai svolto fino a quel momento.

Se soffri di condizioni mediche precarie, assicurati di consultare il tuo medico prima di iniziare qualsiasi tipo di esercizio di allenamento e di rilassamento.

Trova un posto tranquillo, libero da distrazioni. In secondo luogo, è arrivato il momento di sdraiarti, trovando il luogo che preferisci. Puoi anche scegliere il pavimento oppure una sedia. In un secondo momento, togliti gli occhiali oppure le lenti a contatto.

Appoggia le mani in grembo o sui braccioli della sedia. Fai alcuni respiri lenti e uniformi. Se non l'hai già fatto, dedica qualche minuto alla pratica della respirazione diaframmatica.

Ora, concentra la tua attenzione sulle seguenti aree, facendo attenzione a lasciare il resto del tuo corpo rilassato.

Fronte: stringi i muscoli della fronte, trattenendoli per 15 secondi. Senti i muscoli diventare sempre più tesi. Quindi, rilascia lentamente la tensione sulla fronte mentre conti per 30 secondi. Nota la differenza nel modo in cui i tuoi muscoli si sentono mentre ti rilassi. Continua a rilasciare la tensione finché la tua fronte non è completamente rilassata. Respira lentamente e in modo uniforme.

Mascella: tendi i muscoli della mascella, trattenendoli per 15 secondi. Quindi rilascia la tensione lentamente mentre conti per 30 secondi. Nota la sensazione di rilassamento e continua a respirare lentamente e in modo uniforme.

Collo e spalle: aumenta la tensione del collo e delle spalle sollevando le spalle verso le orecchie e mantieni la posizione per 15 secondi. Rilascia la tensione e conta fino a 30 secondi. Nota la tensione che si scioglie.

Braccia e mani: avvicina lentamente entrambe le mani a pugno. Tirare i pugni nel petto e tenere premuto per 15 secondi, stringendo più che puoi. Quindi rilascia lentamente mentre conti per 30 secondi. Nota la sensazione di rilassamento.

Glutei: aumenta lentamente la tensione dei glutei per 15 secondi. Quindi, rilascia lentamente la tensione per 30 secondi. Nota la tensione che si scioglie. Continua a respirare lentamente e in modo uniforme.

Gambe: aumenta lentamente la tensione dei quadricipiti e dei polpacci nell'arco di 15 secondi. Contrai i muscoli più forte che puoi. Quindi rilascia delicatamente la tensione per 30 secondi. Nota la tensione che si scioglie e la sensazione di rilassamento che rimane.

Piedi: aumenta lentamente la tensione dei piedi e delle dita dei piedi. Stringere i muscoli il più possibile. Rilascia la tensione che hai accumulato nei 30 secondi successivi. Nota tutta la tensione che si scioglie. Continua a respirare lentamente e in modo uniforme.

Godi della sensazione di relax che il tuo corpo sta sentendo in questo momento. Continua a respirare lentamente e in modo uniforme.

Esposizione graduale
Questa tecnica è molo efficace per combattere le fobie. Il paziente ha paura delle altezze, anche di salire su una scala? La prima volta salirà sul primo gradino della scala, la seconda volta sul secondo gradino e così via.

Quindi con questa tecnica si eliminerà in un passo alla volta la paura di una determinata azione. Durante questo esercizio il paziente viene invitato a rimanere nella situazione ansiogena fino a quando l'ansia non decresce quasi totalmente e quindi si passa allo step successivo.

L'esposizione graduale è anche una tecnica che si rivela molto efficace quando parliamo di ansia sociale.

Sebbene sia normale voler evitare situazioni sociali che ci mettono a disagio, le paure sociali quasi sempre peggiorano quando evitiamo di affrontarle. Cosa significa evitare? Il termine "Evitare" è da intendersi quando si prende una decisione che ha come obiettivo quello di non vivere una situazione sociale che potrebbe farci paura. Tra queste fattispecie rientra, ad esempio, il non voler presentarsi ad una festa.

Comportamenti di sicurezza evidenti potrebbero includere indossare un cappello per coprirsi il viso, lontano da controlli.

Le persone con eccessiva ansia sociale spesso attribuiscono la sensazione di sentirsi più sicure al fatto di aver eseguito questi comportamenti di sicurezza. Il problema è che, quando le regole di sicurezza vengono stabilite, le azioni diventano condizionate da esse. I comportamenti di sicurezza devono essere affrontati o possono minare i livelli di ansia di una persona.

La terapia dell'esposizione, quindi, è quell'approccio attraverso cui le persone affrontano una situazione sociale temuta fino a quando la loro ansia non diminuisce o le aspettative legate all'ansia non vengono interrotte.

È un trattamento ben studiato per i disturbi d'ansia e di solito viene eseguito nell'ambito della terapia cognitivo comportamentale.

Un terapista esperto è in grado di identificare la fonte di queste preoccupazioni sociali, quanto sono gravi e se ti hanno impedito di fare ciò che vorresti fare. Esistono diverse varianti delle strategie di esposizione e la scelta del tipo da utilizzare dipende dalla situazione. Il confronto nel mondo reale, come parlare di fronte a un vasto pubblico, è una possibilità, ma potrebbe non essere sempre possibile.

Anche immaginare in modo vivido la situazione temuta oppure utilizzare tecnologie come la realtà virtuale possono fornire una soluzione.

Come potresti applicarla con un caso pratico?

Mettiamo il caso che la situazione sociale più temuta sia andare ad una festa. Ecco un esempio di come potrebbe svolgersi la terapia di esposizione graduata:

1) Stila una tabella dei momenti in cui ti senti ansioso in base alle diverse tipologie di feste. Puoi usare una scala da 0 a 100 (0 si riferisce a nessuna ansia o 100 molto ansioso).

2) Selezionare un'attività in basso nell'elenco.

3) Rimani in questa situazione finché la tua ansia non si riduce.

4) Ripeti l'attività finché non diventa facile eseguirla. Compi il passo successivo e scegli un'attività più difficile solamente quando sei diventato bravo con il task che stai svolgendo adesso.

5) Rifletti su cosa è successo. Alcune delle tue previsioni di "disastri sociali" potrebbero non essersi verificati.

Ecco le attività che potresti scegliere di svolgere:

Obiettivo: andare a una festa (con molte persone che non conosco)

1 Andare a una festa (grande evento sociale con persone che non conosco)

2 Partecipare a una festa (evento sociale medio con persone che non conosco)

3 Partecipare a una festa (piccola con persone che conosco)

4 Pranzo con i colleghi

5 Prendere un caffè con un collega

6 Bere un caffè con due amici intimi

Scegli sempre di svolgere un'attività in cui senti che avrai successo. Ad esempio, potresti scoprire che passi troppo tempo armeggiando con il tuo cellulare o bevendo troppo alcol per sentirti a tuo agio. Se senti il bisogno di usare uno dei tuoi comportamenti di sicurezza, seleziona una delle attività.

Non sentirti in dovere di liberarti di tutta la tua ansia. È normale sentirsi socialmente ansiosi. E non aspettarti che la tua ansia sociale svanisca immediatamente.

Infine, esercitati di nuovo finché non ti senti più a tuo agio. Puoi passare a un'attività più difficile solo dopo che ti senti a tuo agio con l'attività precedente.

Tieni presente che la terapia cognitivo-comportamentale individuale è il trattamento più efficace per chi soffre di disturbo d'ansia sociale, più della sola terapia di esposizione. Quindi, sebbene la terapia dell'esposizione possa aiutare, è meglio se fa parte di un piano individuale di terapia cognitivo-comportamentale.

Programmi di comportamento

Sono utilizzati soprattutto per i casi di depressione, e vertono sul concetto dei rinforzi. Vediamo brevemente cosa sono i rinforzi.

I rinforzi sono tutto ciò che porta all'incremento di un comportamento; potrebbe essere descritto come una ricompensa che compare immediatamente dopo un comportamento, e nel futuro provoca l'aumento di questi comportamenti. Ci sono due tipi di rinforzo, quello positivo e quello negativo.

Quello positivo indica la comparsa di qualcosa di piacevole, un bambino piange per attirare l'attenzione della mamma.

Mentre nel negativo assistiamo all'eliminazione di qualcosa di spiacevole: un bambino non vuole andare a scuola (cosa negativa) si inventa il mal pancia che costringe la mamma a non mandarlo a scuola.

Nella depressione si denota una forte carenza di rinforzi, quindi il terapeuta fa in modo che il paziente riprenda a fare una serie di attività che svolgeva prima dell'arrivo della depressione, che gli procuravano piacere (rinforzo), come per esempio un hobby.

Respirazione lenta e profonda

La respirazione profonda è una tecnica di rilassamento in cui ti concentri sulla respirazione rilassata e sull'espirazione dello stress ad ogni respiro (se avessi difficoltà a respirare potresti provare un altro metodo).

1. Respira dall'addome. Quando sei teso, tendi a respirare dalla parte superiore del torace. Respirare profondamente dall'addome inferiore inizia a ridurre la risposta allo stress.

Mentre il tuo diaframma si sposta verso il basso quando inspiri, lo stomaco si sposterà verso l'esterno. Dovresti consentire all'aria di entrare in profondità nell'addome. (Se hai difficoltà a respirare da seduto, puoi stare in una posizione comoda con i piedi alla larghezza delle spalle, le ginocchia dritte e non bloccate e le braccia penzolanti di lato con le spalle rilassate.)

2. Espira il più completamente possibile, attraverso la bocca. Il tuo addome si contrarrà mentre svuoti l'aria dal tuo corpo.

3. Inspira lentamente dal naso e solleva la pancia. Immagina l'ossigeno mentre scorre in profondità nel tuo corpo, riempiendolo di aria fresca e vivificante, partendo dal basso addome e salendo lentamente fino ai polmoni.

4. Espira di nuovo il più completamente possibile. Ricorda che respirare lentamente e profondamente migliora la tua risposta di rilassamento. Espira e inspira profondamente almeno 3 volte per un effetto calmante immediato e 10 minuti per un rilassamento più profondo.

Nota: se hai difficoltà a inspirare profondamente, ricorda che stai imparando un nuovo modo di respirare. Potrebbe essere necessario un po' di pratica prima di impararlo.

Pratica più volte alla settimana (o ogni giorno se possibile); più ti eserciti più diventa facile.

Rilassamento autogeno

Il rilassamento suggestivo è una tecnica che utilizza suggerimenti verbali diretti per promuovere il rilassamento fisico. Questo metodo è simile alla meditazione. Allontanando l'attenzione dai pensieri che distraggono e non rilassano, puoi concentrarti su frasi che incoraggiano il rilassamento sia fisico che mentale.

1. Dì a te stesso le seguenti affermazioni: "La mia mano sinistra è pesante. La mia mano sinistra è pesante. Sono in pace e la mia mano sinistra è pesante." Continua a ripetere per 60 secondi. Se si verificano pensieri che distraggono, lascia che svaniscano e continua a ripetere il suggerimento.

2. Di' a te stesso: "La mia mano destra è pesante. La mia mano destra è pesante. Sono in pace e la mia mano destra è pesante." Continua per altri 60 secondi.

3. Ripeti le frasi utilizzando ogni arto del tuo corpo. Se lo desideri, puoi ripetere l'intera sequenza una seconda volta. Esercitati spesso (più volte alla settimana o ogni giorno) e ricorda che la pratica rende perfetti!

PENSIERI NEGATIVI E CBT

Quando qualcosa ci reca fastidio, distogliere la mente da ciò, è più facile a dirsi che a farsi. Quasi sempre quando si cerca di non pensare a un argomento specifico, diventa ancora più difficile eliminare quell'argomento dalla mente. Ma soffermarsi continuamente sui pensieri negativi può essere spiacevole e anche molto controproducente e, in alcuni casi, può persino portare a depressione cronica.

Le cause principali dei pensieri negativi sono soprattutto la depressione, l'ansia e lo stress e questi pensieri negativi sono vere e proprie immagini mentali che si ripetono senza alcun controllo e spesso in modo irrazionale, e condizionano tutte le azioni quotidiane.

Possiamo paragonare questi schemi mentali di pensiero negativi, come ad un'abitudine, in particolare ad un'abitudine negativa; come il cambiamento di ogni abitudine, anche passare da un modo di pensare negativo ad uno maggiormente positivo è possibile.

Utilità della CBT per eliminare i pensieri negativi

Per sconfiggere i pensieri negativi ci viene in aiuto la terapeuta cognitivo-comportamentale.

La CBT insegna, come evitare che questi pensieri si impossessino della vostra mente, imparando a riconoscerli per poi sostituirli con pensieri positivi.

Quando pensiamo intensamente ad un problema, crediamo erroneamente che questo modo sia l'unico per risolverlo, la CBT insegna la tecnica del problem-solving, che consiste nell' elaborare una serie di soluzioni, per prendere poi la decisione più logica e non basata su schemi e convinzioni negative.

Dobbiamo cambiare le nostre abitudini quotidiane, e ritagliare uno spazio tutto per noi, coltivare le passioni personali indispensabili per ottenere il piacere, così da abbandonare i pensieri negativi, liberandoci dallo stress.

MANIPOLARE LA MENTE

Che cos'è la manipolazione?

La manipolazione mentale, consiste nell'applicazione di un sistema di strategie che distrugge l'identità di un individuo. All'interno di un rapporto/relazione di coppia, siamo in presenza di azioni mirate a minare l'autonomia decisionale di un individuo, e il fine ultimo di questa strategia consiste nell'incoraggiare la dipendenza verso il manipolatore ed il conformismo, e nel disinnescare l'autonomia del pensiero e l'individualismo.

Una relazione sana di qualunque tipo (di coppia, amicizia, familiare, lavorativa ed ecc.) si basa sulla fiducia, la comprensione ed il rispetto reciproco. Invece, manipolare psicologicamente una persona, significa sfruttare le sue emozioni, con l'intento di controllarne i pensieri e le azioni, al fine di arrivare al proprio scopo.

Sono principalmente quattro i motivi per i quali una persona manipola gli altri:

1.Desiderio di sentirsi potenti

2.Per avere il controllo in una relazione

3.Per avere il controllo decisionale su gli altri

4.Per esaudire un loro bisogno personale

Tecniche usate per manipolare

La manipolazione ha tantissime sfaccettature diverse e può colpire diverse sfere di una persona: mentale, psicologica ed emotiva.

In ognuna di loro il manipolatore cerca sempre di individuare delle debolezze nella vittima, sulle quali fare leva, e la manipolazione avviene sempre a livello interelazionale e comunicativo, perché è necessario che ci sia uno scambio tra manipolatore e manipolato.

Diverse persone cedono senza saperlo alla manipolazione emotiva, a volte solo per paura di rovinare un rapporto che si ritiene sia importante, fino ad arrivare addirittura a sottomettersi A questo punto, diventa molto difficile staccarsi e chiudere il rapporto con il manipolatore, perché ormai la realtà è solo quella creata dal manipolatore stesso. Possiamo affermare che questo tipo di manipolazione è abbastanza diffuso in molti rapporti affettivi.

Ora andremo a vedere alcune delle strategie più usate della manipolazione.

Isolamento

Isolare una persona, cioè allontanarlo dalle sue certezze come, per esempio, la famiglia e le amicizie può generare nelle persone debolezza mentale, ansia, paura e in questo contesto il manipolatore ha grandi possibilità di riuscire a controllare una persona, perché la vittima, privata delle sue certezze, ha bisogno di un nuovo appiglio, ha bisogno di nuove certezze e si lega inconsciamente al manipolatore.

Legame affettivo

Questo tipo di approccio deriva in gran parte da quello dell'isolamento.

La persona privata dei rapporti più stabili e importanti, si sente sola e ricerca nuovi legami, nuovi rapporti, e qui entra prepotentemente in gioco il manipolatore.

Spesso accade che la vittima in modo inconsapevole si lega fortemente al suo manipolatore, come può accadere in casi estremi come una prigionia forzata, dove la vittima ha come unico contatto e legame colui che la tiene in prigionia, e può nascere un rapporto addirittura affettivo prigioniero-carceriere. Arrivati a questo punto il controllo mentale da parte del manipolatore diviene totale; questo e quello che gli psicologi chiamano Sindrome di Stoccolma.

La tecnica del Gaslight

La cosiddetta Gaslight è una delle tecniche di manipolazione più efficace tra quelle esistenti, e consiste principalmente nel fornire false informazioni alla persona manipolata, per fare in modo che la vittima incominci a dubitare delle proprie capacità di percezione della realtà che la circonda; queste false informazioni vengono fornite un poco alla volta, per evitare che la vittima si accorga del lavaggio del cervello che il manipolatore ha messo in atto per soggiogarla completamente ai suoi voleri e desideri.

Senso di colpa

Il senso di colpa ricorre spesso in una manipolazione emotiva; in questo caso il manipolatore da aggressore/ carnefice riesce a diventare vittima (famoso fenomeno della vittimizzazione) e addirittura affibbia il ruolo di carnefice alla persona manipolata.

E nella persona manipolata nasce il senso di colpa per aver fatto soffrire e recato danno al manipolatore; ovviamente ciò non è vero, ma la bravura del manipolatore è propria questa di invertire i ruoli e farsi passare lui per vittima.

Capire di essere manipolato

Le persone/vittime preferite dei manipolatori sono quelle più sensibili e altruiste; quelle sempre pronte ad aiutare gli altri, quelle più fragili emotivamente; dotate di forte empatia ma profondamente insicure, e quindi hanno il bisogno di legarsi ad altre persone o ad un partner.

Soprattutto il loro lato dell'insicurezza è quello più attaccato dal manipolatore, che trova in questo stato di insicurezza, terreno fertile per le sue strategie di controllo, e manipolazione mentale ed emotivo.

Tra le principali vittime della manipolazione, vi sono coloro che mostrano un basso livello di autostima, mancanze affettive, dipendenze che si basano su il rapporto con altre persone, incapacità di gestire la propria personalità in maniera indipendente. Questi stati mentali e patologici possono portare all'ansia. Da ciò si proverebbe una certa relazione tra l'ansia e la possibilità di essere manipolati.

Purtroppo, non è sempre semplice capire di essere manipolati e poi iniziare a rompere questo malsano legame che si è formato con l'altra persona; la manipolazione ha mille facce ed alcune di esse molto difficili da capire e interpretare. In più esistono tecniche di manipolazione molto crudeli e subdole. Per liberarsi da queste ci vuole una grandissima forza di volontà, e spesso l'aiuto di altre persone.

A volte capita che le persone manipolate vivano inconsciamente questa situazione; magari sono legate fortemente al loro carnefice/vittima al punto da non riuscire più a comprendere il lato negativo della situazione. A questo punto diviene difficile cambiare il rapporto instaurato. La quotidianità delle vittime si basa sul rapporto creato con il manipolatore e senza quest'ultimo avrebbero difficoltà a vivere la propria vita; in questo caso la sottomissione mentale e psicologica è massima e liberarsi da questo gioco mentale è qualcosa di molto difficile, ma non impossibile.

Quindi, come abbiamo sopra detto, per difendersi dalla manipolazione e per evitarla bisogna conoscere come si muovono i manipolatori e quali sono le loro strategie

Le conseguenze della manipolazione e la CBT

La vittima della manipolazione oltre a perdere la sua autodeterminazione e la capacità decisionale autonoma, con il tempo va incontro a diversi squilibri mentali e psichici.

La persona manipolata con il tempo sviluppa diversi sintomi che possiamo così classificare:

• Sintomi comportamentali: irritabilità, disturbi dell'alimentazione, apatia e aggressività.

• Sintomi somatici: problemi gastrointestinali, insonnia e problemi cardiovascolari.

• Sintomi psicologici: ansia, stress e depressione.

Le conseguenze psicologiche di manipolazione mentale possono essere trattate con successo dalla Terapia Cognitivo – Comportamentale.

Il narcisismo patologico

Spesso i manipolatori sono persone che soffrono del disturbo di narcisismo patologico e ciò le porta a voler dominare mentalmente gli altri e assoggettarli alla loro volontà.

Il narcisismo patologico è un disturbo della personalità; le persone che soffrono di questo disturbo tendono esclusivamente a lodare esageratamente le proprie capacità. Pongono sempre e solo sé stessi al centro dell'attenzione, e pensano solo al proprio interesse.

Le caratteristiche di una persona affetta da narcisismo patologico sono:

- Arroganza

- Presunzione di sapere tutto e di capire tutto

- Invidia verso gli altri

- Totale mancanza di empatia

- Si reputa senza alcuna motivazione una persona importante ed indispensabile

- Mostra esagerata fantasia di successo e di potere

- Crede di essere una persona speciale

•Egoismo.

Narcisismo patologico e la CBT

La terapia cognitivo-comportale affronta questo disturbo soprattutto con la tecnica della ristrutturazione cognitiva.

Questa tecnica consiste nell'eliminare i pensieri disfunzionali del paziente che sono alla base del suo disturbo psichico e sostituirli con pensieri positivi e funzionali, essa segue 3 fasi:

1.Identificare i pensieri negativi; utile un diario dove il paziente può scrivere le sue sensazioni e i suoi pensieri.

2.Mettere in discussione i pensieri negativi. Dopo aver scoperto quali pensieri sono la causa del suo comportamento, in questo caso il paziente insieme al terapeuta analizza i suoi pensieri per capire se sono logici, razionali oppure non hanno nessun fondamento razionale e quindi vanno eliminati.

3.Produrre pensieri alternativi. Questo è l'obiettivo finale della terapia, spazzare quei pensieri disfunzionali (tipici del narcisismo) e sostituirli con pensieri che poggiano su solide basi razionali.

L'INTELLIGENZA EMOTIVA

I fondatori sono Salovey e Mayer, due psicologi americani che svilupparono questa teoria ad inizio degli anni '90; essa ha la capacità di percepire e comprendere i sentimenti propri e degli altri, e di controllarne le emozioni, per poterle poi usare a proprio vantaggio; è formata da un insieme di motivazione, di logica, autocontrollo, il tutto guidato dalla consapevolezza di sé.

Le caratteristiche sono:

- conoscere le proprie emozioni e quelle degli altri presenti nella stessa situazione
- possedere una forte consapevolezza di se stessi
- positività
- forte motivazione all'obiettivo

La teoria iniziale dell'intelligenza emotiva fu ripresa dal psicologo americano Daniel Goleman, che la perfezionò e mise a punto tutta la pratica per giungere a possedere l'intelligenza e ad oggi è indicato come il fondatore di questa pratica.

Secondo Goleman l'intelligenza emotiva non è innata in noi, ma ci sono tecniche per apprenderla e sfruttarla al meglio.

La teoria dell'intelligenza emotiva è stata sviluppata e spiegata nel suo libro "Intelligenza emotiva" del 1995; nel libro ha spiegato come la consapevolezza, l'autocontrollo, la forte motivazione, determinano il successo sia a livello personale che a livello professionale.

Possedere intelligenza emotiva consente alle persone di imparare dai propri sentimenti, dalle proprie emozioni e da quelle degli altri. In questo modo si può sviluppare una grande capacità di adattamento perché si possono convogliare opportunamente le emozioni e utilizzare le proprie risorse per raggiungere risultati rilevanti in ogni situazione.

Tra pensiero (quindi la logica) ed emozione deve costruirsi un giusto equilibrio: conoscendo le proprie ed altrui emozioni si prendono le decisioni migliori.

L'uso metodico e positivo dell'intelligenza emotiva si riscontra spesso nelle persone affermate al lavoro, e quelle di successo.

Le emozioni

L'emozione è uno stato mentale e psicologico che nasce come conseguenza di una determinata situazione, andiamo a vedere quali sono quelle più comuni.

La rabbia
Essa è un'emozione negativa, e spesso minacciosa, e può arrivare a generare un sentimento di odio e comportamenti violenti.

La paura
Essa è uno stato mentale di preoccupazione correlato ad una determinata azione (esempio aver paura di volare oppure aver paura di sostenere un esame universitario)

Una precisazione importante da fare, è quella che non dobbiamo confondere il disturbo d'ansia con il fenomeno della paura; la paura è scatenata da una situazione presente, in cui l'oggetto pericoloso è conosciuto, invece l'ansia si basa su pensieri negativi di cose che potrebbero accadere.

Fisiologicamente invece possiamo dire che la ghiandola nel cervello chiamata amigdala svolge un ruolo nel controllo della risposta alla paura. I soggetti che presentano un'iperattiva a livello dell'amigdala possono avere una maggiore risposta alla paura.

La tristezza

Possiamo indicare questa emozione come l'opposto della gioia. Essa si manifesta soprattutto quando perdiamo qualcosa di importante sia materiale (per esempio il lavoro) che affettivo (la rottura di un rapporto di coppia) o quando siamo in presenza di un lutto di una persona importante per noi. Quindi è legata a momenti sfortunati e negativi della nostra vita.

Non bisogna confondere tristezza e depressione; la tristezza è legata a un evento in particolare mentre la depressione non è legata ad un evento specifico, e in più a differenza della depressione, la tristezza non comporta disturbi gravi mentali o fisici.

La vergogna

Emozioni negativa che assale una persona quando comprende di aver fatto un'azione indegna e immorale. La tipica rappresentazione è il rossore del viso.

Intelligenza emotiva e controllo delle emozioni

L'intelligenza emotiva serve a guidarci per mantenere comportamenti orientati agli obiettivi.

Quando i pensieri e le emozioni lavorano insieme, e ciò avviene quando è presente l'intelligenza emotiva, le persone riescono ad autoregolarsi rispetto ai propri sentimenti e a ridurre la risposta spesso irrazionale di un'emozione.

Chiunque abbia mai avuto un obiettivo, probabilmente si rende immediatamente conto che solamente avere il desiderio di realizzare qualcosa non è abbastanza. Il raggiungimento di un tale obiettivo richiede la capacità di persistere attraverso gli ostacoli e la resistenza per andare avanti nonostante le difficoltà.

Tramite determinate azioni l'intelligenza emotiva ci porta al controllo delle situazioni e delle emozioni presenti in quel determinato momento.

Forza

Per avere successo dovrai essere forte.

Abbastanza forte da combattere l'insicurezza e abbastanza forte da fare ciò che è difficile. Sei più forte di qualsiasi cosa ti ostacoli, e l'unica cosa che può trattenerti sei tu.

Autodisciplina

Per avere successo dovrai essere disciplinato.

La tua autodisciplina ti guiderà a fare ciò che devi per avere successo, anche quando non ne hai voglia. Il viaggio richiederà tempo, quindi la tua motivazione deve essere abbastanza forte da mantenerti sulla strada.

Coraggio

Per avere successo avrai bisogno di coraggio.

Sii abbastanza coraggioso da andare oltre le tue paure e uscire dalla tua zona di comfort. Dovrai superare la tua paura del fallimento e sapere che il successo è solo dall'altra parte. Dovrai affrontare le tue paure e usare il tuo successo su di esse come ulteriore motivazione per avere successo. Non permettere alla paura di trattenerti.

Positività

Per avere successo dovrai rimanere positivo.

Anche quando i tempi sono difficili, resta positivo e trova un modo per avere successo. Le emozioni non risolvono i problemi, solo i tuoi sforzi possono. Se dici che non puoi fare qualcosa, hai ragione, ma se continui a svolgere il compito, avrai sempre una possibilità. E nella vita, questo è tutto ciò di cui abbiamo bisogno, una possibilità.

Fiducia

Per avere successo avrai bisogno di fiducia.

Dovrai avere fiducia in te stesso e credere di poter avere successo. Può verificarsi un errore, ma non è mai la fine. L'errore non può determinare il dubbio sulla tua autopercezione. Il dubbio non farà che trattenerti, la fiducia ti spingerà solo in avanti.

La tua motivazione guiderà la tua mente attraverso tutti questi pezzi, per creare una potente mentalità motivata che non può essere spezzata. Una mentalità che combatte per il successo e non si allontana mai dal percorso verso la vittoria e il raggiungimento dell'obiettivo.

Motivazione e autostima professionale

Una scarsa autostima può rappresentare un enorme ostacolo nel percorso verso i nostri sogni ed obiettivi sia personali che professionali. Quando smettiamo di credere in noi stessi, nelle nostre potenzialità e nelle nostre capacità, il mondo esterno e chi ci circonda inizia a prendere decisioni che spetterebbero soltanto a noi.

La buona notizia è che il nostro livello di autostima non è una questione genetica, ma può essere sempre aumentato; infatti, l'autostima è un insieme di processi come l'autocontrollo, la fiducia in sé stessi, l'autoregolazione, l'auto-realizzazione, l'auto-efficacia e la motivazione.

L'autostima, dunque, è una valutazione del concetto di sé, come rapporto tra il sé percepito e il sé ideale. Un divario troppo grande tra sé percepito e sé ideale induce presumibilmente una bassa autostima, mentre un divario contenuto indica in genere un'autostima adeguata.

Essendo l'autostima la capacità di avere un buon rapporto con sé stessi, avere un'alta opinione di sé stessi è la chiave per una vita più felice. Quando ci si sente sicuri delle proprie capacità ed abilità, diventa più semplice portare a termine progetti personali e professionali, avere un ottimo rapporto con gli altri, vivere una vita serena oltre a migliorare la qualità della vita privata, un'elevata autostima ti aiuta a migliorare la tua posizione lavorativa.

La motivazione e la crescita e l'autostima professionale sono strettamente correlati e, spesso, lo sviluppo dell'uno incoraggia e dipende dall'altro.

Poiché la *motivazione* è il motore delle nostre azioni, è la spinta che ci porta a raggiungere determinati obiettivi, raggiungendo importanti obiettivi professionali ovviamente aumenta l'autostima professionale.

Le persone con un'alta autostima dimostrano una maggiore perseveranza nel riuscire in un'attività che le appassiona o nel raggiungere un obiettivo a cui tengono, e posseggono una *forte motivazione che li porta sempre verso nuove sfide, e soprattutto a superarle.*

Il Mindset e l'intelligenza emotiva

Quando si parla di Mindset si parla delle *idee e degli atteggiamenti con cui una persona affronta una situazione, come controlla e gestisce le sue emozioni, specialmente quando questi sono visti come difficili da modificare.*

Il Mindset è un orientamento mentale, un modo di pensare, un controllo delle tue emozioni e che influisce sullo stato d'animo, sul tuo modo di agire e sul modo in cui affronti la vita in tutte le sue declinazioni.

La tua mentalità è la tua collezione di pensieri, idee, convinzioni. E' quella che definisce chi sei e il tuo comportamento. La tua mente ha un potere molto forte perché ti fa vedere le cose non sempre per come sono, ma per come tu le percepisci.

Il tuo Mindset determina anche il tuo modo di vivere, per questo spesso si dice "Se non credi di potercela fare allora non ce la farai", e spesso questa famosa affermazione è più vera di quanto tutti noi vorremmo.

Poiché la tua mentalità influenza fortemente la qualità della tua vita, vivere con la giusta mentalità è fondamentale per essere felice e acquisire un senso di appagamento.

Possiamo dedurre che quindi la mentalità ha un ruolo fondamentale nel modo di affrontare la vita, per questo influisce molto sia sul tuo successo che sul tuo fallimento.

Autocontrollo

L'autocontrollo è il comportamento secondo il quale è possibile mutare i propri atteggiamenti e comportamenti per migliorare le possibilità di raggiungere determinati obiettivi prefissati. Alcuni studi e ricerche hanno provato che l'autocontrollo è uno strumento fondamentale per garantire la salute e il benessere psico-fisico.

Cos'è l'autocontrollo? Non c'è un modo univoco per definire queste caratteristiche. Alcuni la indicano come se fosse disciplina, determinazione, grinta, forza di volontà e forza d'animo.

Gli psicologi definiscono tipicamente l'autocontrollo come:

- La capacità di controllare i comportamenti per evitare tentazioni e raggiungere obiettivi

- La capacità di posticipare il raggiungimento di una gratificazione a breve termine. Ciò consente anche di ridurre i comportamenti impulsivi e negativi.

- Una risorsa limitata che può essere esaurita

Tuttavia, alcuni ricercatori ritengono che l'autocontrollo sia in parte determinato dalla genetica, con alcune persone che possono vantare un maggiore autocontrollo rispetto alle altre.

Quanto è importante l'autocontrollo nella tua vita quotidiana? Un sondaggio condotto dall'American Psychological Association (APA) ha rilevato che il 27% degli intervistati ha identificato la mancanza di forza di volontà come fattore principale che impedisce loro di raggiungere i propri obiettivi.

Qualunque sia l'obiettivo che hai deciso di inseguire, la perdita di peso, il conseguimento di un titolo di laurea oppure smettere di fumare, è possibile che tu creda che ciò dipenda esclusivamente dai comportamenti che adotti. La maggior parte delle persone intervistate ritiene che l'autocontrollo possa essere sia appreso che sviluppato nel tempo. I ricercatori hanno anche identificato una serie di diversi fattori e strategie che possono aiutare le persone a migliorare questa loro caratteristica.

In un esperimento, gli studenti che mostravano una maggiore autodisciplina avevano voti migliori, punteggi dei test più alti ed erano più propensi ad essere ammessi a un programma universitario migliore. Gli studiosi hanno anche dimostrato che il successo nello studio era dettato da un maggiore autocontrollo.

I vantaggi dell'autocontrollo non si limitano al rendimento scolastico. Uno studio sulla salute a lungo termine, ha rilevato che le persone che sono state classificate come aventi livelli elevati di autocontrollo durante l'infanzia, hanno continuato ad avere livelli elevati di salute fisica e mentale nell'età adulta.

L'autocontrollo è anche collegato al ritardo della gratificazione. La capacità di ritardare la gratificazione, o di aspettare per ottenere ciò che desideri, è una parte importante dell'autocontrollo. Le persone sono spesso in grado di controllare il proprio comportamento ritardando la gratificazione dei propri impulsi. Ad esempio, una persona che segue una dieta specifica potrebbe cercare di evitare la tentazione di nutrirsi con cibi malsani. Di conseguenza, possono ritardare la loro gratificazione e aspettare.

Non avere una gratificazione immediata e ritardarla, significa ottenere dei benefici a lungo termine spesso maggiori e migliori. I ricercatori hanno scoperto che la capacità di ritardare la gratificazione è importante non solo per il raggiungimento degli obiettivi, ma svolge anche un ruolo importante per il benessere e il successo generale nella vita.

È davvero possibile ritardare la gratificazione immediata?

Walter Mischel, famoso psicologo degli anni '70, fu il promotore di alcuni importanti esperimenti che vollero approfondire il tema della gratificazione ritardata. Erano i bambini alla base degli esperimenti. La scelta era molto semplice: da un lato gli si consentiva di fare subito uno spuntino: dall'altra, gli si chiedeva di attendere per ottenere uno spuntino più sostanzioso.

A questo punto, il ricercatore decide di lasciare il bambino da solo in una stanza con un solo snack. Non sorprende che molti dei bambini abbiano scelto di mangiare il singolo spuntino nel momento in cui gli sperimentatori hanno lasciato la stanza. Tuttavia, alcuni bambini hanno voluto aspettare la maggiore soddisfazione.

I ricercatori hanno scoperto che i bambini che erano in grado di ritardare la gratificazione per ricevere una ricompensa maggiore avevano anche maggiori probabilità di ottenere un rendimento scolastico migliore, contrariamente ai piccoli protagonisti che accettavano subito la gratificazione immediata.

Il sistema "caldo e freddo"

Sulla base della sua ricerca, Mischel propose quello che chiamava un sistema "caldo e freddo" per spiegare la capacità di ritardare la gratificazione. Il sistema caldo si riferisce alla parte della nostra forza di volontà che è emotiva, impulsiva e ci spinge ad agire in base ai nostri desideri. Quando questo sistema prende il sopravvento, possiamo cedere ai nostri desideri momentanei e agire avventatamente senza considerare i potenziali effetti a lungo termine.

Il sistema freddo è la parte della nostra forza di volontà che è razionale, premurosa e ci consente di considerare le conseguenze delle nostre azioni per resistere ai nostri impulsi. Questo sistema ci aiuta a cercare modi per distrarci dai nostri impulsi e a trovare opzioni più appropriate per affrontare i nostri desideri.

Esaurimento dell'Io

La ricerca ha scoperto che l'autocontrollo è qualcosa che si esaurisce con il passare del tempo. A lungo termine, esercitare l'autocontrollo tende a rafforzarlo. Praticare l'autocontrollo ti consente di migliorarlo nel tempo. Tuttavia, l'autocontrollo a breve termine è limitato. Concentrare la tua capacità di controllarti su una singola cosa, rende più difficile farlo anche per tutte le attività della giornata.

Gli psicologi si riferiscono a questa tendenza come all'esaurimento dell'Io. Ciò accade quando le persone esauriscono la loro riserva di forza di volontà in un'attività, rendendole incapaci di raccogliere alcun autocontrollo per completare l'attività successiva.

Quali sono i benefici dell'autocontrollo?

L'autocontrollo è importante anche per mantenere comportamenti sani. Quello che mangi a colazione, quanto spesso ti alleni e se vai dal medico regolarmente sono tutte decisioni che sono influenzate dai tuoi livelli di autocontrollo e hanno il potenziale per influire sulla tua salute.

I ricercatori hanno scoperto che l'autocontrollo può avere una serie di potenziali influenze sulla salute e sul benessere:

● In uno studio, i bambini che avevano livelli più elevati di autocontrollo avevano meno probabilità di diventare sovrappeso durante l'adolescenza

●Un altro studio ha rilevato che i partecipanti che avevano esaurito la loro forza di volontà in un compito non correlato avevano maggiori probabilità di cedere alla tentazione quando in seguito si presentavano con un premio.

●Gli studi hanno anche dimostrato che i bambini che non hanno autocontrollo durante l'infanzia hanno anche maggiori probabilità di usare droghe e alcol durante l'adolescenza

Quindi, l'autocontrollo è un elemento importante per garantire che si adottino comportamenti virtuosi. Tuttavia, questa propensione a dare sempre maggiore attenzione all'autocontrollo porta ad aumentare l'importanza della forza di volontà e ad ignorare altri aspetti.

La convinzione che il solo autocontrollo possa aiutarci a raggiungere i nostri obiettivi può portare le persone a incolpare sé stesse quando non sono in grado di resistere alla tentazione.

Motivazione e monitoraggio

Roy Baumeister, psicologo e ricercatore, afferma che il mancato raggiungimento degli obiettivi non è sintomo solamente dell'assenza di forza di volontà. Se stai lavorando per raggiungere un obiettivo, devono essere presenti tre componenti critiche:

●Ci deve essere un obiettivo chiaro e la motivazione al cambiamento. Avere un obiettivo poco chiaro o eccessivamente generico (come perdere peso) sono motivazioni insufficienti, possono portare al fallimento. È più probabile che tu raggiunga un obiettivo piu specifico (come perdere 10 chili) con una motivazione determinante.

●Devi tenere traccia delle tue azioni verso il raggiungimento dell'obiettivo. Stabilire semplicemente l'obiettivo non è sufficiente. Ogni giorno devi essere attento e completare tutte le attività che devi fare e che ti consentono di avvicinarti sempre di più al tuo obiettivo.

●Devi avere forza di volontà. La capacità di tenere sotto controllo i tuoi comportamenti è uno degli aspetti più importanti per raggiungere qualsiasi obiettivo tu ti sia prefissato. Fortunatamente, la ricerca suggerisce che ci sono passaggi che le persone possono intraprendere per sfruttare al massimo la loro forza di volontà disponibile.

Alcuni suggerimenti

Sebbene la ricerca suggerisca che l'autocontrollo abbia i suoi limiti, gli psicologi hanno scoperto che può essere rafforzato con alcune strategie.

Evita le tentazioni

Questo è un modo efficace per ottenere il massimo dal tuo autocontrollo disponibile. Evitare la tentazione ti assicura di non "esaurire" il tuo autocontrollo disponibile prima che sia veramente necessario.

Che si tratti del desiderio di mangiare, bere, spendere o indulgere in qualche altro comportamento indesiderato, un modo per evitare la tentazione è trovare una sana distrazione.

Vai a fare una passeggiata, chiama un amico, getta un carico di biancheria o fai tutto il necessario per distogliere la mente dalla cosa che ti sta tentando in questo momento.

Pianificare in anticipo

Considera le possibili situazioni che potrebbero infrangere la tua determinazione. Se ti trovi di fronte alla tentazione, quali azioni intraprenderai per evitare di cedere? Studi e analisi hanno reso chiaro che la pianificazione può essere uno strumento molto efficace che sprona la forza di volontà. Ciò è utile anche quando si sperimenta l'esaurimento dell'Io.

Ad esempio, se sai che hai difficoltà a controllare quegli attacchi di fame nel pomeriggio, fai un pranzo equilibrato e ricco di fibre, proteine e cereali integrali che ti manterranno sazio per un periodo più lungo.

Esercitati usando l'autocontrollo

Anche se il tuo controllo potrebbe esaurirsi a breve termine, assumere regolarmente comportamenti che richiedono di esercitare autocontrollo migliorerà la tua forza di volontà nel tempo. Pensa all'autocontrollo come a un muscolo: con il tempo e con l'allenamento questo muscolo sarà sempre più forte e resistente.

Concentrati su un obiettivo alla volta

Stabilire molti obiettivi contemporaneamente (come fare un elenco di buoni propositi per l'anno nuovo) è di solito un approccio inefficace. Impoverire la tua forza di volontà in un'area può ridurre l'autocontrollo in altre aree. Pertanto, la scelta migliore è individuare un obiettivo da raggiungere e focalizzare ogni sforzo per raggiungerlo.

Una volta trasformati i comportamenti necessari per raggiungere un obiettivo in abitudini, non sarà necessario dedicare altrettanti sforzi per avere successo.

Ricorda a te stesso le conseguenze

Proprio come l'autocontrollo può aiutarti a raggiungere i tuoi obiettivi e migliorare la tua salute fisica e mentale, una mancanza di autocontrollo può avere effetti negativi sulla tua autostima, istruzione, carriera, finanze, relazioni e salute e benessere in generale. Ricordare a te stesso queste conseguenze può aiutarti a rimanere motivato mentre sei impegnato ad allenare il tuo autocontrollo.

Consapevolezza di sé

La consapevolezza di sé implica essere consapevoli di diversi aspetti della propria persona, inclusi tratti, comportamenti e sentimenti. Essenzialmente, è uno stato psicologico in cui si è al centro della propria attenzione.

Sebbene la consapevolezza di sé sia qualcosa che è fondamentale per chi sei, non è qualcosa su cui sei concentrato in modo acuto in ogni momento del giorno. Invece, si intreccia nel tessuto del tuo Io ed emerge in punti diversi a seconda della tua personalità e della situazione.

Le persone non nascono completamente consapevoli di sé. Tuttavia, la ricerca ha anche scoperto che i bambini hanno un rudimentale senso di autocoscienza.

I neonati possiedono la consapevolezza di essere, un essere separato dagli altri, il che è evidenziato da comportamenti come il riflesso radicale in cui un bambino cerca un capezzolo quando qualcosa gli sfiora il viso.

Quando emerge la consapevolezza di sé?

Gli studi hanno dimostrato che un senso più complesso della consapevolezza del sé inizia a emergere intorno all'anno di età e diventa molto più sviluppato intorno ai 18 mesi di età. I ricercatori Lewis e Brooks-Gunn hanno condotto studi esaminando come si sviluppa questo fenomeno.

I ricercatori hanno applicato un punto rosso al naso di un neonato e poi hanno tenuto il bambino davanti a uno specchio. I bambini che si riconoscevano allo specchio avrebbero raggiunto il proprio naso piuttosto che il riflesso nello specchio, il che indicava che avevano almeno un certo livello di autocoscienza. Lewis e Brooks-Gunn hanno scoperto che quasi nessun bambino di età inferiore a un anno è stato capace di raggiungere il proprio naso.

Pertanto, le risultanze dell'esperimento sono state le seguenti: circa il 25% dei bambini tra i 15 e i 18 mesi ha raggiunto il proprio naso mentre circa il 70% di quelli tra i 21 ei 24 mesi ci sono riusciti.

È importante notare che lo studio di Lewis e Brooks-Gunn indica solo l'autoconsapevolezza visiva di un bambino; i bambini potrebbero effettivamente possedere altre forme di autoconsapevolezza anche in questo primo momento della vita. Ad esempio, alcuni dei più importanti ricercatori quali Lewis, Sullivan, Stanger e Weiss suggeriscono che la capacità di esprimere emozioni sia un sintomo di una maggiore consapevolezza di sé e della propensione di relazionarsi con gli altri.

Sviluppo della consapevolezza di sé

I ricercatori hanno proposto che un'area del cervello nota come corteccia cingolata anteriore situata nella regione del lobo frontale gioca un ruolo importante nello sviluppo della consapevolezza di sé. Gli studi hanno anche utilizzato l'imaging del cervello per dimostrare che questa regione si attiva negli adulti consapevoli di sé

L'esperimento di Lewis e Brooks-Gunn suggerisce che l'autoconsapevolezza inizia a emergere nei bambini intorno ai 18 mesi, un'età che coincide con la rapida crescita delle cellule nella corteccia cingolata anteriore. Tuttavia, uno studio ha rilevato che un paziente conservava l'autoconsapevolezza anche con danni estesi ad aree del cervello tra cui l'insula e la corteccia cingolata anteriore.

Ciò suggerisce che queste aree del cervello non sono necessarie per la maggior parte degli aspetti dell'autocoscienza e che la consapevolezza potrebbe invece derivare da interazioni distribuite tra le reti cerebrali.

Livelli di autoconsapevolezza

Quindi, in che modo esattamente i bambini diventano consapevoli di sé stessi come esseri individuali? I ricercatori suggeriscono che i bambini progrediscano attraverso una serie di livelli di autoconsapevolezza tra la nascita e circa i 4 o 5 anni. La consapevolezza di sé viene osservata dal modo in cui i bambini rispondono al proprio riflesso in uno specchio.

Tipi di autocoscienza

Gli psicologi spesso suddividono la consapevolezza di sé in due diversi tipi: pubblico o privato.

Autoconsapevolezza pubblica

Questo tipo emerge quando le persone sono consapevoli di come appaiono agli altri. L'autoconsapevolezza pubblica emerge nella misura in cui le persone sono al centro dell'attenzione, come quando si parla ad una presentazione o si parla con un gruppo di amici.

Questo tipo di autoconsapevolezza spesso costringe le persone ad aderire alle norme sociali. Quando siamo consapevoli di essere osservati e valutati, spesso cerchiamo di comportarci in modi socialmente accettabili e desiderabili.

L'autoconsapevolezza pubblica può anche portare all'ansia da valutazione durante il quale le persone si angosciano, diventano ansiose oppure si preoccupano di come vengono percepite dagli altri.

Consapevolezza di sé privata

Questo tipo si verifica quando le persone prendono coscienza di alcuni aspetti di loro stessa, ma in modo privato. Ad esempio, vedere la tua faccia allo specchio è un tipo di autoconsapevolezza privata.

Sentire il tuo stomaco sobbalzare quando ti rendi conto di aver dimenticato di studiare per un esame importante o sentire il tuo cuore battere quando vedi qualcuno da cui sei attratto sono anche esempi di autocoscienza privata.

Autocoscienza

A volte, le persone possono diventare eccessivamente consapevoli di sé e virare verso quella che è nota come autocoscienza. Ti sei mai sentito come se tutti ti stessero guardando, giudicando le tue azioni e aspettando di vedere cosa farai dopo? La maggiore autoconsapevolezza, infatti, contribuisce ad aumentare il numero di situazioni in cui sei nervoso oppure in imbarazzo.

Nella maggior parte delle volte, questi sentimenti di autocoscienza sono temporanei e si hanno quando si pensa di essere sotto i riflettori. Tuttavia, può capitare che una eccessiva autoconsapevolezza possa tradursi in un vero e proprio disturbo di ansia sociale.

Le persone che hanno maggiore autocoscienza nel loro piccolo, hanno un livello di autocoscienza generale superiore. Ciò può determinare delle conseguenze positive e negative.

Infatti, chi è più autocosciente è in grado di mantenere i propri valori personali. Tuttavia, è più probabile che possano sottostare a momenti di ansia e di stress che avranno ripercussioni negative sulla loro salute.

Le persone che hanno una maggiore autoconsapevole pubblica, sono anche più autocoscienti in pubblico. La conseguenza è che ciò determina in loro una maggiore preoccupazione che le persone possano giudicarle in base al loro aspetto e in base alle loro azioni. Pertanto, tendono sempre ad uniformarsi alle norme del gruppo per evitare situazioni imbarazzanti e spiacevoli.

Abbiamo capito che la consapevolezza di sé è un fattore davvero importante che ci consente di comprendere chi siamo e il modo in cui relazioniamo la nostra persona nei confronti degli altri e del mondo che ci circonda. Adesso, è importante capire quali sono i comprovati benefici che derivano da una maggiore consapevolezza di sé.

Essere più consapevoli ci consente di essere maggiormente più proattivi e consentire a noi stessi di accogliere e abbracciare i cambiamenti positivi e lo sviluppo personale. Inoltre, essere consapevoli ci consente anche di capire qual è il punto di vista degli altri, praticare l'autocontrollo (di cui abbiamo discusso precedentemente) e amplificare la nostra autostima generale.

La consapevolezza di sé è anche un fattore che contribuisce a migliorare le nostre prestazioni sul posto di lavoro, facendoci diventare dei comunicatori migliori e determinare un migliore benessere complessivo.

I vantaggi elencati sono una ragione sufficiente per lavorare sul miglioramento della consapevolezza di sé, ma questo elenco non è affatto esaustivo. La consapevolezza di sé ha il potenziale per migliorare praticamente ogni esperienza della tua vita poiché è uno strumento che può essere applicato in tutti gli ambiti.

Quali sono i modi migliori per aumentare la consapevolezza di sé?

Adesso che abbiamo una maggiore consapevolezza della consapevolezza di sé (scusami il gioco di parole) è arrivato il momento di capire quali sono le azioni pratiche che ognuno di noi può mettere in campo per aumentare questo lato della nostra persona. Come hanno fatto le persone più consapevoli a diventarlo?

1. Pratica la consapevolezza e la meditazione

Un'altra definizione di consapevolezza è essere presenti ed essere attenti al mondo circostante. Essere consapevoli, quindi, non significa perdersi nei propri pensieri oppure sognare ad occhi aperti.

Un fattore che aiuta a migliorare la consapevolezza di sé stessi è la meditazione. Infatti, la meditazione non è altro che una pratica che consente di concentrare la propria attenzione su una cosa che può essere il respiro oppure una sensazione.

Entrambe le pratiche possono aiutarti a diventare più consapevole del tuo stato interno e delle tue reazioni. Nella maggior parte dei casi, ciò ti aiuterà a identificare al meglio i tuoi pensieri e sentimenti ed evitare di perdere consapevolezza del tuo Io.

2. Fai Yoga

Al pari della meditazione, lo yoga è un'attività che può essere praticata per allenare la consapevolezza di sé stessi. Mentre il tuo corpo si allunga, si piega e si flette, la tua mente sta imparando la disciplina, l'accettazione di sé e la consapevolezza. Diventi più consapevole del tuo corpo e di tutti i sentimenti che si manifestano, e diventi più consapevole della tua mente e dei pensieri che affiorano. Puoi anche abbinare lo yoga alla meditazione per ottenere dei risultati strabilianti.

3. Trova il tempo per riflettere

La riflessione può essere eseguita in diversi modi (incluso tenere un diario dei propri pensieri, di cui parleremo nel consiglio successivo). Inoltre, è praticabile anche a livello personalizzato.

Ciò che è importante è trovare il tempo per esaminare i tuoi pensieri, sentimenti, comportamenti e capire se hai soddisfatto gli standard che ti sei imposto, se hai fallito e comprendere i punti dove sarai in grado di migliorare. Puoi anche valutare se i tuoi standard sono buoni.

Per riflettere, potrai iniziare a scrivere un diario, parlare ad alta voce oppure sederti in silenzio e pensare. Ciò ti aiuterà a riflettere e ad aumentare la tua consapevolezza.

4. Scrivi un diario

Il vantaggio di scrivere un diario è che ti consente di individuare, chiarire e soprattutto accettare i tuoi sentimenti e le tue emozioni. Questo processo è in grado di aiutarti a capire cosa vuoi, cosa apprezzi e quali sono gli aspetti che funzionano per te. Può anche aiutarti a scoprire cosa non vuoi, cosa non è importante per te e cosa non funziona per te.

Entrambe le cose sono allo stesso modo importanti da capire quando vuoi sviluppare la consapevolezza di sé. Quindi, apri un diario e inizia a scrivere in piena libertà, poesie, annota i tuoi pensieri.

5. Chiedi alle persone che ami

È fondamentale sentire che ci conosciamo dall'interno, ma anche il feedback esterno aiuta. Chiedi alla tua famiglia e agli amici intimi cosa pensano di te. Invitali a descriverti e vedere quali sono gli aspetti che conoscevi di te stesso e quali sono gli elementi che determinano il tuo stupore.

Considera attentamente ciò che dicono e pensaci quando scrivi o rifletti in altro modo. Naturalmente, non prendere la parola di nessuno come vangelo; devi parlare con una varietà di persone per avere una visione completa di te stesso. E ricorda che alla fine della giornata, sono le tue convinzioni personali e i sentimenti che contano di più per te!

Consapevolezza di sé e intelligenza emotiva

Secondo quanto riferito da Daniel Goleman, uno dei maggiori esponenti della intelligenza emotiva, questa può essere definite quale insieme di abilità che sono in grado di riconoscere e regolare le emozioni in noi stessi e negli altri.

Daniel Goleman e la sua teoria affermano che la consapevolezza di sé non risulta solo cruciale nella intelligenza emotiva ma è caratterizzata da 5 elementi distinti e intrecciati. I 5 fattori sono:

-Autocoscienza

-Autoregolamentazione

-Abilità sociali

-Empatia

-Motivazione

Altre teorie popolari sull'intelligenza emotiva includono anche la consapevolezza di sé come componente fondamentale, rendendola uno dei fattori su cui praticamente tutti i ricercatori e gli esperti concordano.

La consapevolezza di sé è un elemento costitutivo necessario dell'intelligenza emotiva; è l'elemento costitutivo su cui sono costruiti gli altri componenti. Bisogna avere autoconsapevolezza per autoregolarsi e le abilità sociali saranno deboli e di scarsa utilità, se non si è abbastanza consapevoli di quando e come usarle.

Efficacia Terapia Cognitivo Comportamentale (CBT)

Gli ultimi 10 anni sono stati molto importanti in questo campo. Infatti, la psicologia ha spostato la sua attenzione verso la pratica basata sull'evidenza. In questo modo, ci si è focalizzati sulla Terapia Cognitivo Comportamentale e sulla sua progressiva applicazione rispetto ad altre metodologie. Poiché è stata attribuita maggiore importanza ai trattamenti con il supporto della ricerca, c'è stata una marea di nuove ricerche disponibili per guidare medici e pazienti verso i trattamenti più efficaci per i problemi psicologici.

Studio dopo studio, la CBT si distingue come il trattamento più efficace per numerosi problemi di salute mentale. Inoltre, i trattamenti CBT sono solitamente di durata più breve e i risultati sono più duraturi di quelli di altri metodi di trattamento.

Di conseguenza, i terapisti formati in terapie più tradizionali, come i terapisti freudiani / psicodinamici, si sono scagliati contro questo metodo di terapia perché, affermano, semplifica eccessivamente i problemi e mira a una "soluzione rapida" a causa della minore durata del trattamento nella CBT.

Tuttavia, la ricerca ha dimostrato che la Terapia Cognitivo Comportamentale può essere efficace quanto i farmaci nella lotta ai problemi di depressione e di ansia. Ovviamente, c'è sempre il rischio che queste sensazioni possano tornare e ripresentarsi. Tuttavia, con le tecniche di CBT che abbiamo già analizzato, dovrebbe essere più facile per te controllare i momenti più difficili.

Pertanto, è importante continuare a praticare le tecniche di CBT anche nel momento in cui le sessioni sono terminate e stai meglio. Vediamo brevemente quali sono i vantaggi e gli svantaggi della CBT.

Vantaggi della CBT

●Può essere efficace quanto i farmaci nel trattamento di alcuni disturbi di salute mentale e può essere utile nei casi in cui i farmaci da soli non hanno funzionato.

●Può essere completato in un periodo di tempo relativamente breve rispetto ad altre terapie

●La Terapia Cognitivo Comportamentale focalizza la sua attenzione verso il riqualificare i tuoi pensieri e gli elementi che determinano le mutazioni dei tuoi comportamenti. Ciò consente di mutare in positivo i tuoi stati d'animo e sensazioni.

●La natura altamente strutturata della CBT le consente di essere fornita in diversi formati, inclusi gruppi, libri di auto-aiuto e programmi per computer.

●Le abilità che apprendi nella CBT sono strategie utili, pratiche e utili che possono essere utilizzate nella vita di tutti i giorni e che contribuiscono ad aiutarti a far fronte meglio a stress e difficoltà futuri, anche dopo che il trattamento è terminato.

Svantaggi della CBT

- Per trarre vantaggio dalla CBT, devi impegnarti nel processo. Un terapista può aiutarti e consigliarti, ma non può risolvere i tuoi problemi senza la tua collaborazione.

- Partecipare a sessioni di CBT regolari e svolgere qualsiasi lavoro extra tra le sessioni può richiedere molto tempo.

- A causa della natura strutturata della CBT, potrebbe non essere adatta a persone con esigenze di salute mentale più complesse o difficoltà di apprendimento.

- Poiché la CBT può comportare il confronto delle tue emozioni e ansie, potresti sperimentare periodi iniziali in cui sei più ansioso o emotivamente a disagio.

- Alcuni critici sostengono che, poiché la CBT affronta solo i problemi attuali e si concentra su questioni specifiche, non affronta le possibili cause alla base delle condizioni di salute mentale, come un'infanzia infelice.

●La CBT si concentra sulla capacità dell'individuo di cambiare sé stesso (i propri pensieri, sentimenti e comportamenti) e non affronta problemi più ampi nei sistemi o nelle famiglie che spesso hanno un impatto significativo sulla salute e sul benessere dell'individuo.

Gli studi a favore della CBT

Molte delle condizioni correlate allo stress e all'ansia possono essere trattate utilizzando la terapia cognitivo comportamentale (CBT). La CBT mira a cambiare modelli di pensiero e comportamenti negativi e disadattivi in modi più positivi per affrontare i problemi legati allo stress. La terapia non è direttiva e un terapeuta faciliterà il cambiamento lavorando con il cliente o il paziente per raggiungere una serie di obiettivi. Il terapista sfiderà anche le convinzioni negative del cliente e lo aiuterà a sviluppare strategie per gestire il proprio stress in modo più efficace a lungo termine al fine di prevenire eventuali ricadute.

La relazione tra il terapeuta e il paziente è centrale per il successo dell'intervento, poiché è necessario avere un rapporto per discutere a volte argomenti difficili.

Detto ciò, ci sono degli studi che provano l'efficacia della Terapia Cognitivo Comportamentale?

Nelle loro analisi di 269 studi che hanno utilizzato la CBT, inclusi disturbi d'ansia e stress generale, Hoffman, Asnaani, Vonk, Sawyer e Fang (4 massimi esperti della CBT) hanno scoperto che i risultati più efficaci erano per i disturbi d'ansia e lo stress generale (insieme alla bulimia, disturbi somatoformi e controllo della rabbia).

Uno studio che confronta 65 pazienti con disturbo d'ansia generalizzato (GAD), che sono stati assegnati in modo casuale a uno dei tre gruppi - CBT, tecniche di rilassamento e un gruppo di controllo di pazienti in lista d'attesa ha previsto un'altra metodologia di analisi. Le sessioni di follow-up si sono svolte 6, 12 e 24 mesi dopo l'intervento e consistevano in autovalutazioni e valutazioni cliniche. È stato riscontrato che sia la CBT che il rilassamento erano più efficaci del gruppo di controllo, sebbene il miglioramento a lungo termine continuasse solo con la CBT.

Altre ricerche hanno anche scoperto che la CBT è stata efficace nell'ansia generalizzata.

Tuttavia, nonostante i risultati positivi, si è notato anche che ci sono vari problemi metodologici in molti studi. Ad esempio, su studi che non includono un gruppo di controllo, la dimensione dell'effetto dell'intervento è più difficile da valutare. La CBT si è dimostrata efficace anche nei disturbi d'ansia nei bambini, sebbene venga riportato che ci sono bambini che non rispondono e quindi è necessaria una maggiore ricerca per comprendere il meccanismo che consente ad alcuni bambini di rispondere positivamente e ad altri no.

Un altro ambito in cui la CBT può ottenere importanti risultati è l'ansia sociale. L'ansia sociale è caratterizzata da un individuo che ha paura delle interazioni sociali e quindi influisce sulla capacità di una persona di lavorare e avere una buona qualità della vita. Ci sono state numerose segnalazioni riguardanti l'efficacia della CBT nel trattamento dell'ansia sociale, sebbene molti studi abbiano campioni di piccole dimensioni e siano condotti in un unico luogo.

In uno studio sono stati valutati 495 pazienti ambulatoriali che sono stati assegnati in modo casuale a un intervento CBT, (n = 209), terapia psicodinamica (n = 207) o un gruppo di controllo in lista d'attesa (n = 79). I punteggi di base e post-trattamento del paziente hanno riscontrato un'efficacia della CBT e della terapia psicodinamica per l'ansia sociale.

Un'altra condizione correlata allo stress che può causare gravi danni è il DOC. La condizione negli adolescenti e nei bambini è simile a quella degli adulti e il disturbo ossessivo compulsivo spesso inizia durante l'infanzia. In uno studio condotto in Danimarca, Svezia e Norvegia, i pazienti di età compresa tra 7 e 17 anni con diagnosi di DOC hanno ricevuto un intervento CBT in un contesto comunitario per 14 settimane. Lo studio era non controllato, il che significava che tutti i pazienti hanno ricevuto CBT con esposizione e sono stati valutati utilizzando la scala Children Yale-Brown Obsessive Compulsive Scale.

I bambini avevano una serie di problemi comportamentali ed emotivi e lo studio ha coinvolto terapisti e operatori sanitari che hanno valutato l'intervento. Un punto di forza dello studio è stato che è stato condotto in diversi centri in tre paesi, il che significa che ha una buona generalizzabilità. Anche il numero di partecipanti era relativamente alto, il che è stato anche un punto di forza di questa iniziativa.

È stato concluso che la CBT basata sull'esposizione è un trattamento efficace per il disturbo ossessivo compulsivo nei bambini della comunità e negli ambulatori per adolescenti. La gravità dei sintomi è diminuita nei pazienti e alcuni sono stati descritti come in remissione. Tuttavia, c'erano alcune limitazioni nello studio: ad esempio, il gruppo non era etnicamente diversificato e gli studi non erano randomizzati.

Un'ultima area in cui la CBT si è dimostrata efficace nei disturbi legati allo stress è il disturbo da stress post-traumatico, che è un disturbo che può verificarsi dopo che un individuo ha vissuto un evento traumatico grave. I sintomi tipici includono rivivere l'evento, pensiero ricorrente dell'evento, evitamento, intorpidimento e distacco e allontanamento dalla famiglia e dalle altre persone. Nell'analisi dell'efficacia della CBT nel trattamento del disturbo da stress post-traumatico, c'è stata una revisione sistematica della ricerca in cui i pazienti erano stati valutati dai medici per i sintomi di stress traumatico e dall'autovalutazione da parte del paziente stesso.

Il trattamento includeva CBT focalizzata sul trauma (TFCBT), terapia di esposizione, ipnoterapia, CBT di gruppo e desensibilizzazione e rielaborazione del movimento oculare (EMDR) e un gruppo di controllo in lista di attesa senza intervento. I risultati hanno mostrato che TFCBT, EMDR e CBT di gruppo erano tutti efficaci nel trattamento del PTSD. A lungo termine TFCBT ed EMDR si sono rivelati più efficaci, sebbene alcuni degli studi abbiano riscontrato difetti metodologici, il che significa che i dati devono essere interpretati con cautela.

Un'applicazione molto interessante della CBT è avvenuta negli USA. Dopo l'attacco alle Torri Gemelle di New York, il consorzio CATS è stato istituito per aiutare ad affrontare il trauma vissuto dai giovani e anche per valutare i risultati dell'intervento utilizzando la CBT. Il CATS Consortium (2010) riferisce sull'efficacia della CBT utilizzata con bambini e adolescenti di età compresa tra 5 e 21 anni che sono stati traumatizzati dopo l'attacco. I giovani (n = 306) sono stati assegnati a uno dei due gruppi a seconda della gravità del loro trauma. Il primo gruppo ha coinvolto la CBT specifica per il trauma e il secondo gruppo, la CBT breve.

I risultati hanno mostrato che per entrambi i gruppi c'era una diminuzione dei loro sintomi e non era più stato diagnosticato loro un disturbo da stress post-traumatico, ed è stato anche scoperto che la terapia poteva essere efficacemente erogata nella comunità da professionisti formati. I limiti dello studio erano che il disegno non era conforme a un tipico studio controllato randomizzato e non veniva utilizzato un gruppo di controllo.

Le circostanze intorno allo studio erano caotiche nei giorni successivi all'attacco e, come affermano gli autori, i bambini potrebbero essere migliorati senza alcun trattamento o intervento, che è, ovviamente, lo scopo di un gruppo controllato. Tuttavia, lo studio ha fornito informazioni utili sull'uso della CBT per i giovani dopo un evento traumatico.

Nel complesso, le prove presentate dimostrano che la CBT è un intervento efficace in una serie di diverse condizioni legate allo stress. Queste analisi sono in grado di fornire prove solide sull'efficacia degli interventi che utilizzano la CBT, sebbene, come è stato discusso, ci siano una serie di problemi metodologici con alcuni degli studi utilizzati.

Alcune delle limitazioni includono piccole dimensioni del campione, ad esempio, il che significa che la generalizzazione ad altri gruppi non è possibile. Un altro potenziale problema è l'uso di diverse misure come l'autovalutazione e le misure del medico, rispetto ad altri studi che hanno utilizzato questionari convalidati. Ciò significa che i confronti tra gli studi sono più difficili. Tuttavia, la ricerca che utilizza la CBT ha avuto luogo in una serie di contesti e culture differenti - per esempio, Norvegia, Svezia e Danimarca e si è dimostrata efficace.

Come avviene una seduta di TCC?

La CBT è di solito un trattamento a breve termine, quindi non ci si deve aspettare che questo percorso possa durare per molto tempo. d'esempio, un corso di CBT potrebbe essere erogato in sessioni settimanali di 12 ore, distribuite su 12 settimane. In alcune aree, ti potrebbero essere offerte inizialmente quattro sessioni, con l'opportunità di altre se ne hai bisogno. Queste sessioni potrebbero essere erogate:

●Individualmente - uno a uno con un terapista (faccia a faccia, al telefono o durante una videochiamata).

●In un gruppo - con altre persone che potrebbero avere delle condizioni simili

• Attraverso un libro di auto-aiuto, ti potrebbe essere chiesto di completare gli esercizi da un libro da solo.

• Tramite un computer (di solito online), è possibile che ti venga offerta la CBT computerizzata.

• La CBT deve essere eseguita solo da un professionista sanitario qualificato.

CBT online

Ti sei reso conto che non puoi continuare a sentirti in questo modo tutti i giorni. Hai deciso di prendere il controllo della tua salute mentale e ti sei iscritto ad un corso di CBT online. È fantastico, hai fatto i primi passi per sentirti meglio! Ma come puoi assicurarti di ottenere il massimo dal tuo trattamento?

Come anticipato è, infatti, possibile partecipare anche a dei corsi online qualora non ci fossero delle iniziative nelle vicinanze di un paziente. I corsi online di CBT sono sempre più diffusi e sempre più utili da seguire.

Comprendiamo che registrarsi per la terapia può farti provare tutta una serie di emozioni. Può darti una sensazione di potere e liberazione, ma può anche far provare un po' di apprensione e ansia prima di iniziare. Ci sono molte incognite. Cosa succederà? Cosa ci si aspetta dal paziente?

Qualora si decidesse di seguire un corso di CBT online è importante seguire queste 3 cose per prepararsi al meglio prima di iniziare la terapia online.

Pensa ai tuoi obiettivi

La CBT è una terapia molto efficace. Si concentra sull'affrontare il qui e ora, dotando il paziente di abilità per gestire le situazioni e aiutarlo a tornare a vivere la vita nel modo in cui desidera. Pertanto, il terapista vorrà sapere come ci si sente, cosa si vorrebbe fare e quando si è in grado di iniziare a farò. Capire ciò aiuterà a stabilire alcuni obiettivi per la terapia su cui lavorare durante le sessioni.

Pertanto, è importante esercitarsi ad impostare gli obiettivi e dedicare un po' di tempo a capire se c'è altro ci cui si vuole lavorare durante le sessioni.

Quando gli obiettivi sono stabiliti, è importante scriverseli da qualche parte e tenerli sempre al sicuro e a portata di mano. Questo potrebbe essere in un file sul tuo computer o anche scritto su un piccolo taccuino. È davvero una buona idea tenere insieme tutte le informazioni relative alle sessioni di terapia in un posto facile da trovare.

Annotare alcune idee prima della sessione può davvero aiutare a sentire il controllo del processo e ridurre la possibilità di sentire una sensazione di sopraffazione durante il primo appuntamento.

Pensare ai sintomi in categorie

La CBT si concentra sul modo in cui i nostri pensieri, sentimenti e comportamenti sono collegati e influiscono l'uno sull'altro. Per farti entrare in una buona mentalità per saperne di più su questo durante le tue sessioni, inizia a pensare al modo in cui i sintomi e sentimenti rientrano in queste tre diverse categorie. Prova a scrivere alcuni elenchi sotto i seguenti titoli:

Pensa al modo in cui fanno sentire fisicamente il tuo corpo. Ti accorgi di sudare di più? O forse ti senti stordito e tremante? Pensa a come ti fa agire il modo in cui ti senti. Eviti certe situazioni? Esegui routine specifiche?

Pensa a come ti fanno pensare. Bisogna cercare di prendere nota di alcuni dei pensieri che si provano quando ci si trova in una situazione che fa scattare i sintomi.

Prendi nota delle cose che ti piacciono

Pensa alla tua vita nelle ultime settimane o mesi. Quali sono alcune delle cose che hai fatto che ti sono piaciute? Prova a scrivere un elenco di queste cose. Sul lato opposto, fai un elenco di tutte le cose che hai fatto che forse non ti sono piaciute. Questo può essere davvero un buon esercizio per farti pensare a come hai passato il tuo tempo e se più del tuo tempo è occupato da cose che non ti piacciono invece di cose che fai.

Durante le sessioni di terapia, il terapista sarà davvero desideroso di conoscere personalmente il paziente, in modo che possa trovare le soluzioni migliori per garantire un ritorno alla vita quanto più veloce possibile.

Alcune ricerche suggeriscono che la CBT computerizzata potrebbe essere utile per alcune persone, anche se non si sa ancora quanto bene funzioni. Può essere difficile decidere se un programma online è giusto per te. È meglio provare a usarne uno consigliato dal tuo medico di famiglia o da un altro professionista. Se hai difficoltà a seguire o completare un corso di CBT computerizzato, parla con il tuo medico di famiglia di altre opzioni che potrebbero essere più coerenti con la tua persona.

Come sono strutturate le sessioni di CBT?

Una struttura tipica di una sessione CBT può includere quanto segue:

●All'inizio della terapia, tu e il tuo terapista potreste esplorare i problemi su cui volete lavorare.

●Quando hai concordato su quali problemi vuoi concentrarti e quali sono i tuoi obiettivi, puoi iniziare a pianificare il contenuto delle sessioni e parlare di come potresti affrontare i tuoi problemi.

●Durante la sessione, potresti svolgere esercizi con il tuo terapista per esplorare i tuoi pensieri, sentimenti e comportamenti. Questo può avvenire sotto forma di diagrammi oppure di fogli di lavoro.

●Con la CBT ti viene spesso dato del lavoro da svolgere nel tuo tempo libero, quindi alla fine di ogni sessione potresti concordare alcuni esercizi su cui lavorare in un secondo momento.

●All'inizio della tua prossima sessione, il tuo terapista potrebbe iniziare esaminando le conclusioni della tua sessione precedente e discutendo sui progressi che hai fatto sulle attività che hai svolto nel tuo tempo libero.

Cosa si impara durante una sessione di CBT?

La CBT insegna abilità per affrontare diversi problemi. Puoi imparare modi per affrontare situazioni, pensieri, sentimenti e comportamenti diversi. Per esempio:

Se ti senti ansioso: potresti imparare che evitare le situazioni spiacevoli potrebbe effettivamente aumentare le paure. Affrontare le paure in modo graduale e gestibile può darti fiducia nella tua capacità di farcela.

Se ti senti depresso: potresti essere incoraggiato a registrare i tuoi pensieri e a capire come guardarli da un punto di vista differente. Questo può aiutare a spezzare la spirale discendente del tuo umore.

Se hai problemi di sonno: potresti imparare a riconoscere i pensieri che rendono più difficile addormentarti e imparare a sfidarli.

Se hai problemi di vecchia data relativi ad altre persone: potresti imparare a controllare le tue supposizioni sulla motivazione degli altri a fare le cose, piuttosto che assumere che si comportino sempre per cause negative

Qual è la relazione con il tuo terapeuta?

La CBT individuale può portarti in un tipo di relazione che potresti non aver mai provato prima.

La CBT favorisce una relazione paritaria e non giudicante tra te e il tuo terapeuta. L'obiettivo di questi professionisti è cercare di capire le tue opinioni e le reazioni alle esperienze che hai vissuto. Ciò contribuirà anche a rimodellare il modo in cui la terapia si sviluppa. Adottare un comportamento collaborativo è anche un sintomo che si è attivamente coinvolti nella terapia.

Questa relazione terapeutica può aiutarti a sentirti in grado di aprirti e parlare di cose che sono difficili o intime.

È possibile fare Terapia Cognitivo Comportamentale da soli?

È possibile eseguire la CBT da soli, tramite un libro di auto-aiuto o online. Potresti scoprire che è molto utile quando, ad esempio, attendi per una nuova sessione. Il consiglio è sperimentare le tecniche su sé stessi.

Ma la ricerca suggerisce che la CBT di solito è più efficace se lavori con un terapista. E alcuni tipi specifici di trattamenti CBT non sono adatti per essere provati quando si è soli. In ogni caso, la presenza di un terapista a tuo supporto è molto importante.

Ora che hai compiuto il passo coraggioso di chiedere aiuto e poiché stai investendo tempo e sforzi per presentarti alle sessioni, è importante essere consapevoli di come ottenere il massimo dalle sessioni di terapia CBT.

Primo step. Uno degli aspetti fondamentali è andare a chiarire qualsiasi idea sbagliata sulla terapia. Ovviamente la CBT è una terapia del parlare, ma potrebbe essere più veritiera se la chiamassimo una terapia del parlare e del fare. Il cambiamento emotivo viene solo dal pensare e dal fare le cose in modo diverso. Non sarà mai così efficace parlare solo dei tuoi problemi. Parlare può aiutarti a capire perché ti senti come ti senti o pensi nel modo in cui pensi; ovviamente, questo può essere utile. Ma se pensi alla terapia come a suonare uno strumento musicale, come la chitarra, non riuscirai mai a suonare solo parlando, pensando o leggendo di chitarre. Il progresso deriva dalla pratica, dalla perseveranza e dall'impegno. Apportare modifiche è il modo per sperimentare i progressi che stai cercando e la CBT è più efficace se affrontata come terapia attiva.

Quanto più puoi fare tra le sessioni influenza la quantità di tempo che puoi dedicare alla terapia. Se a un'estremità della scala ti presenti alle sessioni solo per parlare con il tuo terapeuta, è ovvio che i progressi saranno più lenti.

Ecco 5 consigli per sfruttare al meglio le tue sessioni di terapia.

Procurati un quaderno di terapia

Anche se tutti portiamo i telefoni in giro, e questi possono essere utili per prendere appunti al volo, rallentare e mettere nero su bianco aiuta davvero a chiarire il tipo di pensieri che abbiamo e può persino aiutarci a vedere i nostri pensieri per quello che sono. Possiamo identificare meglio i modelli di pensiero che possono contribuire ai nostri problemi.

Per ottenere il massimo dalla terapia è utile prendere appunti prima, durante e dopo le sedute.

Prima delle sessioni: Prendere nota di tutto ciò che potrebbe essere utile discutere durante la sessione di terapia. Tuttavia, poiché la CBT è una terapia orientata agli obiettivi, se si tratta di un argomento completamente diverso, potresti dover valutare se si tratta di qualcosa di cui vuoi effettivamente parlare. Forse durante la settimana potrebbe accaderti qualcosa che vorresti aver detto al tuo terapeuta e che pensi possa essere rilevante per il tuo trattamento. In tal caso, prendi nota, in modo da non dimenticare.

Durante le sessioni: Tieni la penna a portata di mano durante le sessioni e sii pronto a scrivere tutto ciò che trovi utile o che vorresti ricordare. Non sai mai quando potresti avere un momento di illuminazione.

Dopo le sessioni riflettere su una sessione è un buon modo per ottenere il massimo dalla tua ultima terapia. Trova un po' di tempo, il momento migliore è quando la sessione è ancora relativamente fresca nella tua mente. Poniti, inoltre, un paio di domande:

- Cosa ti è piaciuto durante la seduta di oggi?

- Come ti senti ora?

- Cosa hai trovato utile oggi?

- Hai provato (anche in minima parte) sentimenti diversi o hai pensato in modo diverso a te stesso, agli altri o al mondo in generale?

- Quale cosa amichevole, compassionevole e gentile potresti dirti ora, che ti sosterrebbe per il resto della giornata?

Impara a scrivere un diario

Nella CBT abbiamo trattato diversi modi di annotare i tuoi pensieri, sentimenti, comportamenti e sensazioni. Pertanto, è importante prendere annotazioni sui nostri schemi particolare. Se vogliamo cambiare il nostro modo di agire e di pensare, è importante capire quali sono i pensieri inutili e le difficoltà che incontriamo.

Sii chiaro sui tuoi obiettivi

Anche se il tuo obiettivo terapeutico iniziale è abbastanza generale, come imparare a gestire la tua ansia o ad affrontare meglio le sfide della vita, man mano che la terapia continua, sarà utile dedicare del tempo a riflettere su ciò che specificamente vuoi fare in modo diverso. Con il passare delle settimane, ti aiuterà enormemente ad avere un'immagine di ciò a cui vorresti mirare: più specifico è, meglio è.

Come spesso accade, è importante che i tuoi obiettivi siano specifici, misurabili, realizzabili e che tu abbia un'idea di quando vorresti ottenerli. Gli obiettivi aiutano la terapia a rimanere in carreggiata, anche se di tanto in tanto va bene uscire dal percorso. La vita è così e possiamo accettare che a volte ponga degli imprevisti e delle problematiche su cui è importante soffermarsi a riflettere.

Sii onesto

Questo è importante a diversi livelli. È importante che il terapista incoraggi i clienti a capire che sono loro a conoscersi davvero e che devono essere quanto più onesti possibili su come si sentono e su cosa pensano. Questo aiuterà il tuo terapista a escogitare il piano migliore per te.

Se non dovessi capire un concetto oppure il motivo di un esercizio, è importante segnalarlo al terapista.

Fai i compiti

I compiti a casa, o come alcuni potrebbero chiamarli, un piano d'azione, consistono in attività tra le sessioni. Potresti lavorare per gestire il tuo pensiero in un modo diverso, praticando tecniche di consapevolezza o rilassamento o inserendo un diario. Potresti cambiare quello che fai e affrontare le situazioni piuttosto che evitare luoghi, problemi o persone difficili. Potresti imparare a relazionarti con te stesso in un modo più gentile e compassionevole.

La CBT si concentra sull'uso di tecniche basate sull'evidenza, ma è solo mettendole in pratica che il paziente scoprirà cosa è meglio per lui. Anche se pensa che non possa funzionare per lui, deve essere disposto a verificarlo.

Molte attività nella CBT devono essere ripetute per ottenere un beneficio. Infatti, le sessioni di CBT consistono in ripetere un'attività per almeno una o due settimane e capire quali benefici si provano. Una volta che qualcosa funzionerà, il paziente si sentirà incoraggiato a continuare a farlo.

FAQ

1. cosa è la CBT?

La CBT è una delle decine di metodi di trattamento utilizzati in psicoterapia. Il concetto di cognitivo riprende il presupposto che la maggior parte degli imprevisti e dei problemi della vita di tutti i giorni derivano da pensieri completamente sbagliato o malintesi.

Spostandoli intenzionalmente verso obiettivi più sani e produttivi, possiamo alleviare l'angoscia. In pratica, la terapia cognitivo comportamentale consiste generalmente nell'identificare pensieri e comportamenti problematici e sostituirli con risposte più sane.

Ad esempio, supponiamo che Valeria sia ansiosa e abbia iniziato a evitare le riunioni a favore dell'isolamento delle serate a casa. Un terapista CBT può aiutarla a rispondere alla paura che viene innescata irrazionalmente, insegnarle come spostare i suoi pensieri e rilassare il suo corpo e sviluppare un piano d'azione per aiutarla a rimanere calma mentre partecipa alla festa questo fine settimana. La prossima settimana valuteranno cosa ha funzionato e cosa no e modificheranno i loro metodi finché Valeria non potrà socializzare comodamente.

2. Quali tipi di problemi può aiutare ad affrontare la CBT e come faccio a sapere se è giusta per me?

La CBT viene utilizzata per qualsiasi cosa, da fobie, ansia, depressione, traumi, problemi di autostima, a problemi relazionali come scarsa comunicazione o aspettative irrealistiche del tuo partner. Fondamentalmente, se è un

problema che coinvolge pensieri e comportamenti, la CBT
ha un approccio terapeutico.

È giusta per te? Questa è una domanda difficile. I tuoi
problemi riguardano il modo in cui pensi e ti comporti? Ad
esempio, stai rimuginando su una rottura passata o ti
ritrovi a fare shopping online senza pensare? Se è così,
allora sì, probabilmente potresti trarre vantaggio dalla
CBT. Se sei più preoccupato per il tuo scopo o significato
nella vita, potrebbero esserci altri approcci che si adattano
meglio a te (e ci arriveremo nella domanda n.8).

3. Cosa rende la CBT così popolare?

Uno dei motivi per cui la CBT è così conosciuta e
ampiamente utilizzata è perché è stata studiata in maniera
approfondita. È una buona modalità di studio perché
enfatizza interventi brevi, diretti e orientati alla soluzione.
In altre parole, l'obiettivo è produrre cambiamenti chiari e
misurabili nei pensieri e nei comportamenti. Ciò è una
miniera d'oro per i ricercatori. Significa anche che puoi
vedere risultati rapidi e a breve termine.

Martin Hsia, Psy.D., uno psicologo CBT certificato a Glendale, in California, afferma: "Dal momento che un'alta percentuale di persone che vediamo nella nostra pratica ha a che fare con qualche forma di ansia (ansia sociale, ansia di salute o malattia, disturbo ossessivo compulsivo, panico, ecc.). Essendo in grado di sfidare delicatamente le persone ad affrontare le loro paure e sviluppare nuovi modi di relazionarsi con i propri pensieri, la CBT ci fornisce gli strumenti per incoraggiare le persone a fare qualcosa di estremamente spiacevole: confrontarsi con le cose che hanno evitato".

4. Cosa succede in una sessione CBT?

La CBT è una forma di psicoterapia, quindi puoi aspettarti che le prime sessioni siano ciò che vedresti in qualsiasi sessione di terapia iniziale: discutere sui metodi di pagamento, sulla eventuale cancellazione della terapia, sugli obiettivi che vengono prefissati e che si vogliono raggiungere. Successivamente, sarà necessario approfondire la propria storia personali e i problemi che hanno portato il paziente ad abbracciare questa terapia.

Dopodiché, parlerai delle difficoltà che incontri e cercherai di formulare insieme la risposta più efficace.

In sostanza, il cliente porta dentro i problemi che vorrebbe superare o le situazioni che trova stressanti, e il terapeuta e il cliente lavorano insieme per creare un piano d'azione. Un piano d'azione significa che vengono identificati i pensieri o comportamenti problematici, si trova un modo per cambiarli e si sviluppa una strategia per implementare questo cambiamento nella prossima settimana. È qui che entra in gioco il "compito a casa".

5. Come sono i compiti CBT?

La CBT si concentra sulla fornitura di una rapida (da 8 a 12 sessioni, che è rapida per gli standard terapeutici) ed efficace riduzione dei sintomi, che è meglio fare applicando le tecniche per tutta la settimana, non solo durante la sessione di terapia.

I compiti tipici potrebbero includere esercizi di rilassamento, tenere un diario di pensieri ed emozioni per tutta la settimana, utilizzare fogli di lavoro che mirano a un'area specifica di crescita, leggere un libro che si applica ai problemi o cercare situazioni per applicare il tuo nuovo approccio.

Ad esempio, Valeria potrebbe voler tenere d'occhio gli eventi di incontro che la mettono in agitazione a superare le sue paure mentre applica le sue nuove tecniche di rilassamento.

Un altro esempio: diciamo che un fattore importante nella depressione di Claudio è il suo dialogo interiore negativo: sminuisce e si rimprovera costantemente. Claudio e il suo terapista CBT possono discutere una tecnica chiamata "arresto del pensiero" in cui interrompe bruscamente il flusso dei pensieri negativi gridando (nella sua mente) "Stop!" con l'obiettivo di focalizzare la propria mente verso qualcosa di positivo.

I compiti possono comportare la pratica di questa tecnica almeno una volta al giorno fino alla sessione successiva. Claudio e il suo terapeuta faranno un debriefing nella prossima sessione, valuteranno cosa ha funzionato e cosa no e modificheranno il processo per la settimana successiva.

6. Quanto dura solitamente il trattamento CBT?

Uno dei punti salienti della CBT è che si concentra sull'eliminazione dei sintomi il più rapidamente possibile, in genere da poche settimane a pochi mesi. Naturalmente, le persone raramente hanno un solo problema su cui lavorare in terapia, quindi questa durata dipende dal numero e dalla gravità dei problemi, ma la brevità è la chiave di questo approccio.

Questo fa emergere una delle principali differenze tra la CBT e molte altre forme di terapia. Secondo Donald Meichenbaum, uno dei fondatori della CBT, mentre altri approcci terapeutici passano molto tempo a scavare in profondità e chiedersi perché ti senti depresso, ansioso o hai una bassa autostima, la CBT si attacca ai pensieri e ai comportamenti attuali.

Piuttosto che esaminare il motivo per cui hai paura dei serpenti, la CBT si concentra sull'aiutarti a ridurre la tua paura. Non tutte le persone vogliono soltanto raggiungere l'obiettivo di ridurre al minimo i propri problemi. Altre, invece, puntano a capire perché esistono.

Per loro, approcci più profondi come la terapia psicodinamica possono essere più soddisfacenti.

7. Esistono tecniche CBT che le persone possono utilizzare al di fuori delle sessioni di terapia effettiva?

Hai mai tenuto un diario della gratitudine? Che ne dici di monitorare l'assunzione di ciambelle? Hai tracciato i tuoi passi quotidiani o monitorato il tuo sonno? Allora stai già applicando alcuni dei principi della CBT nella tua vita quotidiana.

La maggior parte delle tecniche di CBT sono disponibili nei libri di letteratura scritti da grandi interpreti della materia come Feeling Good di David Burns o Anxiety and Phobia Workbook di Edmund Bourne. Oppure, hai accesso ad applicazioni come Headspace e Happify. Ma un corso di CBT su misura per te e per i tuoi problemi e un periodo di tempo in una terapia strutturata è ancora l'approccio migliore.

8. Ci sono aspetti negativi nella scelta della CBT rispetto a un altro tipo di terapia?

Alcuni clienti possono sentire di volere che la terapia sia un luogo in cui vengono e elaborano le loro esperienze con una leggera facilitazione da parte del loro terapeuta. Il loro obiettivo principale potrebbe non essere affrontare un sintomo specifico o un'abitudine problematica, ma più sulla crescita generale e instaurare una relazione a lungo termine con un terapeuta.

Dato che la CBT può essere uno stile di terapia più diretto e pratico, potrebbe non essere utile per chi cerca quel tipo di lavoro profondo e relazionale. Nonostante questa sia una pratica che non collima con la CBT, alcuni terapisti accolgono i loro pazienti in un percorso di lungo periodo.

La CBT non è priva di critiche. Ancora una volta, la CBT si concentra sui sintomi invece che sulle radici più profonde di quei sintomi, e alcuni psicologi che ritengono che le radici più profonde siano essenziali considererebbero la CBT miope.

Alla fine, devi scoprire cosa funziona meglio per te e questo potrebbe richiedere alcuni tentativi ed errori.